»Die Taschen waren
voller Geld«

AF159860

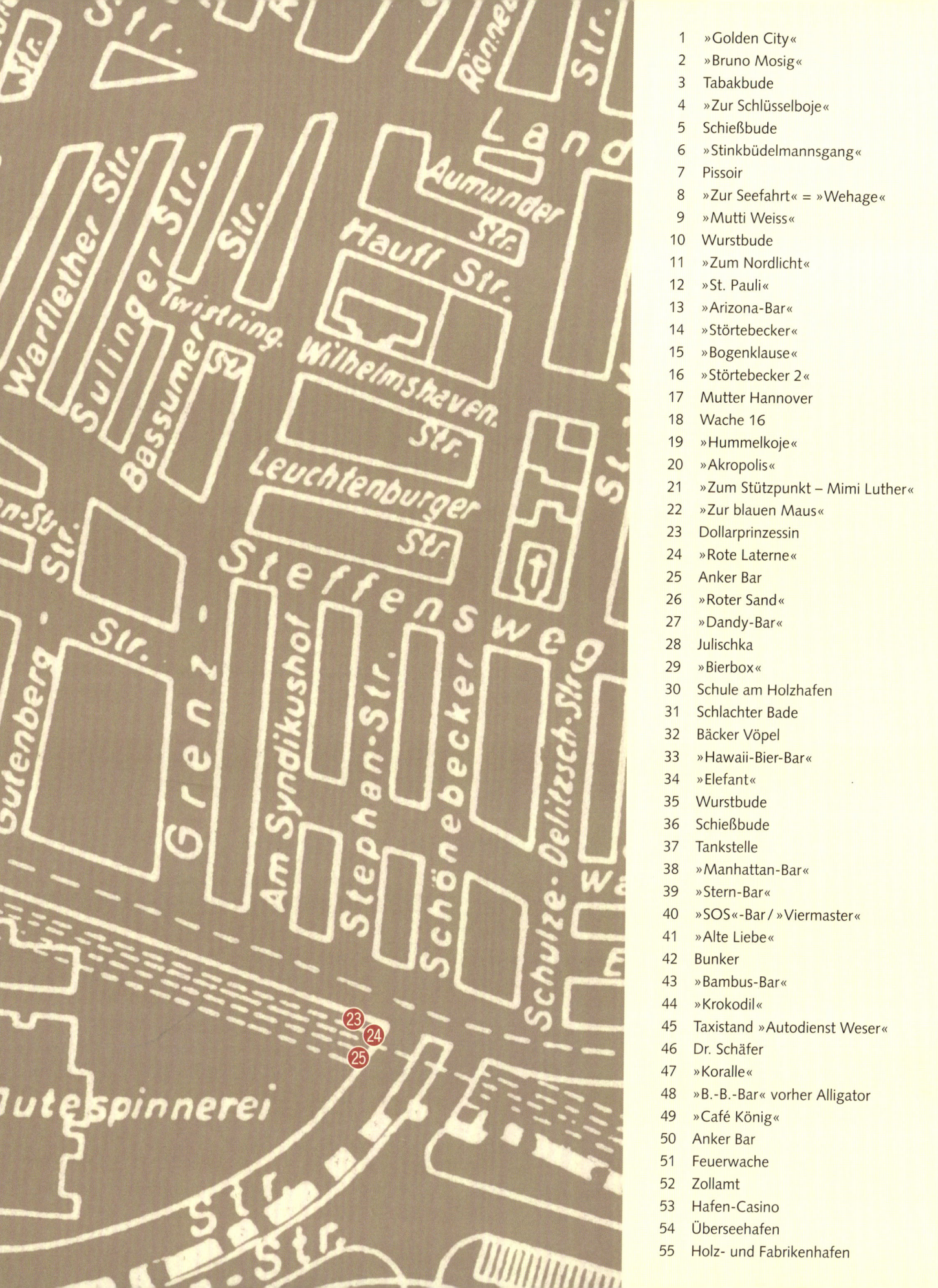

1	»Golden City«
2	»Bruno Mosig«
3	Tabakbude
4	»Zur Schlüsselboje«
5	Schießbude
6	»Stinkbüdelmannsgang«
7	Pissoir
8	»Zur Seefahrt« = »Wehage«
9	»Mutti Weiss«
10	Wurstbude
11	»Zum Nordlicht«
12	»St. Pauli«
13	»Arizona-Bar«
14	»Störtebecker«
15	»Bogenklause«
16	»Störtebecker 2«
17	Mutter Hannover
18	Wache 16
19	»Hummelkoje«
20	»Akropolis«
21	»Zum Stützpunkt – Mimi Luther«
22	»Zur blauen Maus«
23	Dollarprinzessin
24	»Rote Laterne«
25	Anker Bar
26	»Roter Sand«
27	»Dandy-Bar«
28	Julischka
29	»Bierbox«
30	Schule am Holzhafen
31	Schlachter Bade
32	Bäcker Vöpel
33	»Hawaii-Bier-Bar«
34	»Elefant«
35	Wurstbude
36	Schießbude
37	Tankstelle
38	»Manhattan-Bar«
39	»Stern-Bar«
40	»SOS«-Bar / »Viermaster«
41	»Alte Liebe«
42	Bunker
43	»Bambus-Bar«
44	»Krokodil«
45	Taxistand »Autodienst Weser«
46	Dr. Schäfer
47	»Koralle«
48	»B.-B.-Bar« vorher Alligator
49	»Café König«
50	Anker Bar
51	Feuerwache
52	Zollamt
53	Hafen-Casino
54	Überseehafen
55	Holz- und Fabrikenhafen

Frauke Wilhelm

»Die Taschen waren voller Geld«

Hafen- und Rotlichtgeschichten von der Bremer »Küste«
in den 50er und 60er Jahren

EDITION TEMMEN

Inhalt

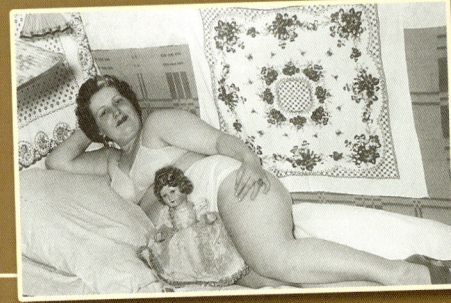

Vorwort 7

Nachkriegszeit in Walle 11

Trümmer, Hungerwinter, amerikanische Besatzer,
Schmuggelgeschäfte und Schwarzbauten

Die Meile 30

Vom Hafen voller Schiffe, langen Liegezeiten,
Stück- und Sackgut und zahlungskräftigen Seeleuten

Die Damen 64

Von selbstbewussten Sexarbeiterinnen und liederlichen
Dirnen zwischen Fortschritt und Sittendebatte

Die Banditen 106

Von kleinen Leuten mit eigenen Gesetzen,
der großen Familie und drastischen Ausschreitungen

Das »Klein-St.Pauli« und die Stadt Bremen 134

Von der Unmöglichkeit, den Kampf um die Moral
mit stadtplanerischen Mitteln zu gewinnen

Der Untergang 156

Wie es mit der »Küste« dann wirklich zu Ende ging…

Anhang 168

Die Entstehung der Lokale in den Akten der Wache 16N
Die »Küste« – Auszug aus dem Gedicht von Georg Hinrichs
Quellen
Die Autorin
Impressum
Bildnachweis

Vorwort

Wenige Jahre nach Kriegsende 1945 bot das zwischen Weser und den Bremer Stadtteilen Walle und Gröpelingen gelegene Hafenquartier wieder Arbeit für tausende von Menschen. Tag für Tag, rund um die Uhr. Erst allmählich, als die Betriebsamkeit des Hafens schon wieder in Gang gekommen war und es dort nur so wimmelte von Schiffen aus aller Welt, entstanden in den zerbombten Straßenzügen des »Bremer Westens« die ersten Neubauten. Doch gleich mit den ersten Nachschublieferungen der amerikanischen Besatzer entwickelte sich rechts und links im oberen Teil der Nordstraße als Ansammlung zahlreicher kleiner Behelfsbauten etwas ganz neues, eine kleine Welt für sich: die »Küstenmeile«, kurz »Küste« oder auch »Klein-St. Pauli« genannt. Dort pulsierte in den 1950er und -60er Jahren das Leben in einer Form, wie es Bremen nie zuvor gekannt hatte. An der »Küste« trafen sich die Wege von Seeleuten, Hafenbeschäftigten und den Freunden des Rotlichts: Vom »Arizona« über das »Krokodil« bis zum berühmt-berüchtigten »Golden City« reihten sich die Lokale aneinander. Beim Landgang wurde bis zum Umfallen gesoffen und gehurt, sodass von der Heuer nicht viel übrig blieb. Für manche war die Gemeinschaft aus Bardamen, Türstehern, Huren, Zuhältern, Mietwagenfahrern und Musikern wie eine große Familie – andere sahen an der »Küste« die Kehrseite des Wirtschaftswunders, nämlich Kulturlosigkeit und den Verfall von Sitten und Moral.

Und der Rubel rollte: Bis Ende der 60er Jahre war an der Küste »für alle genug da«. In der »Bambus-Bar« stand man bis morgens früh um fünf in mehreren Reihen vor der Theke. Wer plietsch war, machte gute Geschäfte, denn das Geld wurde mit vollen Händen ausgegeben.

Wie konnte es zu dieser besonderen Blüte der etwa dreißig bis vierzig Lokale und Rotlichtbars rund um den Zugang zum Freihafen in Bremen-Walle kommen? Welche unglaublichen Geschichten trugen sich hier zu, als die »Damen vom Ballett«, die Barbesitzer und jede Menge anderer Waller Kleinbürger und Banditen die Seeleute um ihre »Taschen voller Geld« erleichterten? Was mussten Anwohner aushalten und konnte die Polizei nicht verhindern? Wie versuchte die Stadt Bremen, das ausschweifende Nachtleben in den Griff zu bekommen, und warum verschwand das »Klein-St. Pauli« dann wirklich? Davon soll in diesem Buch berichtet werden.

Und in weiten Teilen erzählen die Protagonisten selbst! Im Jahr 2004 suchte ich für ein Geschichtsprojekt des Kulturhauses Walle Brodelpott nach Menschen, die die Lokale an der »Küste« besucht oder dort gearbeitet hatten. Viele haben mir ihre Geschichte(n) erzählt: Mietwagenfahrer, Barfrauen, Prostituierte, Seeleute und andere »Küstenkenner«. Aus den Tonaufnahmen der Interviews habe ich damals für die Veranstaltung »Walle Blues« kleine Bild-Ton-Collagen zusammengesetzt, die den Aufstieg und Fall des »Klein-St. Pauli« an der Nordstraße beschreiben. Der Zusammenschnitt der Zeitzeugengeschichten geriet zu so einer lebendigen Schilderung eines Stücks Bremer Heimatgeschichte, dass ich mich entschloss, den Originaltext zusammen mit weiteren Materialien auch als Buch herauszubringen.

Viele Bilder in diesem Buch strahlen die besondere Feierlaune in den Lokalen an der »Küste« aus. Man sieht in den Gesichtern den ungebremsten Lebenshunger der Nachkriegszeit bis zum Ende der 60er Jahre. Gezeigt wird der Moment für das Foto, erzählt wird fast durchgängig von der »schönen Zeit«, von schnell verdientem Geld, reuelosem Genuss und Abenteuer. Manchmal scheinen sich Wahrheit und Männerfantasie abzuwechseln. Die lakonischen Schilderungen von exzessiver Alkoholseligkeit, von gegenseitigem Betrug, Gewalt und den vielen auf der Strecke Gebliebenen lassen aber auch ahnen, welchen Preis besonders die Frauen für das Leben an der »Küste« gezahlt haben.

Dass es überhaupt eine solch große Menge professioneller Fotodokumente aus den Bars gibt, ist der Fotografin Carla Bockholt zu verdanken, die von etwa 1948 bis Ende der 60er Jahre allabendlich von Lokal zu Lokal zog und für die Seeleute und andere Gäste Erinnerungsfotos produzierte. Ein Porträt dieser selbstbewussten Frau, deren Nachlass mir von ihren Erben zur Verfügung gestellt wurde, finden Sie neben anderen ebenfalls in diesem Buch.

Lesen Sie nun die Geschichten vom Seemann mit den dreißig Verlobungsringen, von »Koffer-Else« und »Arco«, dem Zuhälter-Schäferhund, von kleinen Ganoven, großen Schlägereien und einer Flut von Behördenvorgängen. Hören Sie den besonderen Zungenschlag der Bremer Kleinbürger, die sich entschlossen dem Waller Wirtschaftswunder hingaben.

Spüren Sie die Atmosphäre der 50er und 60er Jahre, in der Bremen als florierender Hafenplatz in der ganzen Welt bekannt war, und genießen Sie ein historisches Sittengemälde aus einer aufregenden Zeit.

Frauke Wilhelm

Linke Seite: In den Zeiten, als die Schiffe im Überseehafen in Dreierreihen lagen, trugen sich an der »Küste« unglaubliche Geschichten zu

»Jede Stunde läuft ein Schiff ein,
jede zehnte Welle
spült Fremde an Land wie Fische

[...]

Das Leben tanzt
auf der Klinge eines Rasiermessers,
das im Hafen als Waffe beliebt ist.
Das Elend ist tief wie das Meer,
das Laster ist frei wie die Wolke«

Joseph Roth

Nachkriegszeit in Walle

Trümmer, Hungerwinter, amerikanische Besatzer, Schmuggelgeschäfte und Schwarzbauten

Zwanzig Jahre lang prägten Rotlichtbars, Lokale und Straßenstrich, aber auch Schießstände und Wurstbuden die Straßen am Ausgang des »Stinkbüdelmannsgang« – des Fußgängertunnels zwischen Hafen und Stadtteil. Im Zeitraffer erfanden und kombinierten die Waller alles, was zu einem Vergnügungsviertel in den 50er Jahren dazugehört. Zeitzeugen erzählen, dass der Ruf dieser Bars damals auf allen sieben Meeren legendär gewesen sei. Die Dynamik und Ausdehnung, mit der sich eine florierende Rotlichtmeile an der »Küste« entwickeln konnte, ist auch auf die besondere soziale und bauliche Situation im Nachkriegs-Walle zurückzuführen, die hier geschildert werden soll.

Die Waller kannten sich mit Bier und Tresen aus …

Die westliche Vorstadt wurde in ihrer Entwicklung bestimmt durch die Industrialisierung und den Hafenausbau. Die beiden Freihäfen Europa- und Überseehafen, der Holz- und Fabrikenhafen, die Industriehäfen, die Werften, die Jutefabrik, die Atlas-Werke und viele Mühlenbetriebe brauchten seit Ende des 19. Jahrhunderts massenhaft Arbeitskräfte. Diese kamen zunächst aus Bremen und Umgebung und schließlich auch aus strukturschwachen Landgebieten wie zum Beispiel dem Eichsfeld, aber auch aus Polen und Galizien und fanden ein Zuhause in den zahlreichen Wohnstraßen, die im gesamten Bremer Westen aus dem Boden schossen. Wohnungsnot war der Normalfall. Die Häuser waren chronisch überbelegt. Wer konnte, suchte Entspannung und Gesellschaft in den zahlreichen Eckkneipen – im »Walfischkrug«, bei »Kruse«, »Tietjen« und »Mutter Geestewitz«, bei »Winters« (heute »Hart Backbord«) und im »Tanzlokal Lehmkuhl«, aber auch in »Behrends Zigarrenladen« oder im Seemannsheim. Ganz gleich, wo der Waller oder die Wallerin wohnte, dort um die Ecke war ein Treffpunkt, in dem die Nachbarschaft und Gäste klönten, die Tagesereignisse besprachen und den Krug Bier für zuhause holten, in denen aber auch Arbeit vermittelt oder über Politik gestritten wurde. Es gab so viele Lokale, dass umsichtige Ehefrauen ihre Männer am Ende der Woche am Werkstor abfingen, damit der Lohn die Haushaltskasse überhaupt erreichte. Gegen den hohen Alkoholkonsum in der Arbeiterschaft hatte der Bremer Mäßigkeitsverein bereits Ende des 19. Jahrhunderts die alkoholfreien Speisehäuser »Ottilien«, wie die Ottilie-Hoffmann-Häuser nach ihrer Gründerin genannt wurden, an verschiedenen Stellen der Stadt errichtet. Eines dieser alkoholfreien Speiselokale lag direkt im Hafen und hieß »Schwarze Elster«. Bereits in den 20er und 30er Jahren des 20. Jahrhunderts gab es auch ausgesprochene Hafenlokale, wie »Ehlebracht«, »Euterpe«, »Anker-Bar«, »Amerika-Bar«, »Malorny«, »Frisco-Bar« oder »Conny's Island«. Diese lagen vornehmlich zwischen dem Europahafen und der Innenstadt und zogen sich von der Neptun- bis zur Faulenstraße.

Linke Seite: »Anker-Bar«, »Rote Laterne« und »Dollar-Prinzessin« an der Kreuzung Neptun- / Nordstraße. Im Hintergrund ein Haufen Trümmerschutt, die Turmruine der Wilhadi-Kirche und schon bezogene Wohnungsbauten der Nachkriegszeit

In den Arbeiterkneipen in Walle war Ende des 19. Jahrhunderts viel Platz für soziales Leben, Arbeitsvermittlung und politische Diskussion

Trümmerlandschaft in Walle 1945

Walle – total zerstört

Ende des Zweiten Weltkrieges stand in diesem Teil der Stadt kaum mehr ein Stein auf dem anderen. Besonders der 132. Luftangriff der Engländer, der schwerste Bombenangriff, den Bremen im Krieg erlebte – mit unter anderem 10.800 Phosphorbomben und 108.000 Stabbrandbomben –, hatte in der Nacht vom 18. auf den 19. August 1944 den Bremer Westen zwischen dem Eisenbahngelände im Nordosten und Südosten, dem Hafen im Südwesten und der Columbus-, Bremerhavener und Grenzstraße im Nordosten völlig vernichtet. Ein Gebiet, in dem etwa 33.000 Menschen gewohnt hatten, verschwand in einer Nacht gänzlich vom Erdboden – mit katastrophalen Folgen für die Bevölkerung. Diese waren durchaus geplant, denn die Bombenangriffe dieser Angstnacht waren eine Aktion im Rahmen des »moral bombing« gewesen, der zielgerichteten Demoralisierung der deutschen Bevölkerung. 1054 Menschen verloren ihr Leben und fast 50.000 Obdachlose im gesamten Bremer Westen standen vor einer apokalyptischen Trümmerwüste, in der kein Überleben möglich war.

Hunger, Kälte und provisorische Wohnverhältnisse

In der Nachkriegszeit drehte sich das Alltagsleben meist um die Beschaffung der Dinge des täglichen Bedarfs

Paar in der Gabelsberger Straße (Hutgeschäft Landwehrstraße/Höhe Kastningweg, Blickrichtung Nordstraße)

Keine Wohnung, kein warmer Platz im Winter, kaum Nahrung, kaum Kleidung, keine Arbeit – so sah die Lebenssituation vieler Menschen im Bremer Westen bis weit nach der Währungsreform im Juni 1948 aus. Der Alltag der Menschen drehte sich fast ausschließlich um

»Goldwäscher« am Weserstrand

Sonntag im Juli! Endlich ein wirklicher Sonnentag! Solch einer, daß dir der erwachende Tag keine Ruhe mehr läßt in deinen vier Wänden. Und so beschließe ich, hinauszuwandern und, in Ermangelung eines besseren Zieles, einem Gerücht nachzugehen, das seltsam und dennoch glaubhaft klingt.

Zwischen der Einfahrt des Überseehafens und des Europahafens liegt am linken Weserufer ein schiffähnliches Gebilde, das weiter nichts ist als eine riesige schwimmende Saug-Druck-Pumpe, die den Zweck hat, ausgebaggerten Wesersand mittels einer 120 Meter langen Rohrleitung an Land zu pumpen. Der aufgeschlemmte Sand fließt in einen großen Schacht, der so mit der Zeit aufgefüllt wird. Das Ende dieser Rohrleitung, die Stelle, wo die schlammige Flüssigkeit mit dumpfem Rauschen aus dem Rohr hervorbricht und sich in den Schacht ergießt, ist das Ziel meiner Wanderung. Und was ich hier sehe, ist erschütternd.

Mit rasender Gewalt stürzt ein manndicker Strahl einer unglaublich schmutzigen, schlammigen Brühe, vermischt mit Sand und Steinen, aus dem Rohr hervor, klatscht auf die Erde und zerreißt, wieder hervorschnellend, in tausend kleine Schlammfontänen, um endlich, mit großer Geschwindigkeit noch, aber doch schon beruhigt, auseinanderzufließen über das Land. Und um diesen tosenden Strudel herum, über und über besudelt vom spritzenden Schmutz, Menschen, eine Mauer von Menschen! Männer, Frauen und Kinder, überkrustet von den immer wieder auf sie niederregnenden Schlammspritzern, bieten dem wütenden Schlammsturm Trotz, um, mit Händen und Füßen tastend, das zu bergen, was sie so bitter nötig brauchen und das eben dieser Schlammstrom birgt: K o h l e ! Hochwertige, glänzende Steinkohle! In fortwährend gebückter Stellung wird sie mit Händen, Körben und Sieben herausgefischt, die Wärme für den Winter! Es ist ein erschütterndes Bild!

Ich stehe da, ein müßiger Spaziergänger, und starre auf dieses Bild, das die ganze Not unseres Volkes so unverhüllt zum Ausdruck bringt.

Aus dem »Weser-Kurier« vom 14. August 1946

das Anstehen für Lebensmittel, Kleidung und einfachste Gebrauchsgegenstände, Brennstoff, Baumaterial sowie dringend benötigte Medikamente oder deren sonstige Beschaffung.

In den ersten Wintern nach Kriegsende war die Not der Bevölkerung am größten, denn es dauerte bis weit in die 50er Jahre hinein, bis für die vielen Ausgebombten neuer Wohnraum geschaffen werden konnte. Bis dahin richtete man sich in Provisorien ein. Um überhaupt kurzfristig Ersatzunterkünfte für die 60 Prozent des in Bremen durch den Krieg zerstörten Wohnraumes zu ermöglichen, legitimierte Bürgermeister Wilhelm Kaisen am 1. August 1945 mit der Verordnung »Notwohnungen in Kleingärten« das Wohnen »auf Parzelle«. Hier konnte mithilfe von Trümmerschutt und anderen zusammengesuchten Materialien ein »Behelfsheim« aufgebaut werden. Wer hier wohnte, konnte durch den Anbau von Kartoffeln, Kohl und anderem Gemüse und Obst und auch durch Kleintierzucht die kärgliche Lebensmittelration aufbessern.

Wasserleitungen gab es allerdings nicht. Das Trinkwasser musste teilweise über weite Wege von Brunnen geholt werden. Im Jahr 1955 lebten in Bremen noch etwa 25.000 Menschen auf Parzellengrundstücken.

Flüchtlingswohnung in selbst erbautem Behelfsheim in der Rendsburger Straße

Mittlerweile hatten viele in Eigenarbeit die Wohnverhältnisse auch einer längerfristigen Nutzung angepasst. Meist ohne Baugenehmigung wurde in alle Richtungen angebaut oder sogar aufgestockt. Eine eigenwillige, jeglicher architektonischer oder städtebaulicher Planung entzogene Wohnform war entstanden.

Zwei Wracks an Schuppen 11 und 13 im zerstörten Überseehafen 1945, dahinter die Speicher XI. und XIII. und am rechten Rand die Energieleitzentrale

Der zerstörte Hafen …

Die Bombenangriffe der Alliierten hatten als strategisches Ziel besonders das Hafenquartier gehabt. Der Häfen- und Schiffsverkehr lag am Ende des Krieges völlig brach, denn in den Hafenbecken waren etwa 230 Schiffe mit bis zu 2200 BRT versenkt worden. Teilweise lagen mehrere Wracks übereinander. Außerdem waren die Becken übersät mit Minen und anderen Munitionsmengen. Schuppen und Speicher waren eingestürzt, einige Kajenmauern durch Sprengbomben zerstört. Reste von Plünderungen zuletzt hereingekommener Schiffe lagen verstreut im Hafen, viele Gleisanlagen waren unbrauchbar, und von den 262 Kränen im Hafen waren lediglich noch zwölf funktionsfähig.

… und der schnelle Wiederaufbau für amerikanische Lieferungen

Doch die Amerikaner brauchten in Deutschland dringend einen Hafenplatz für ihren Personenverkehr und die Nachschublieferungen an die in Deutschland und ganz Europa stationierten Truppen. Bereits am 20. Mai 1945 ging die Besatzungszuständigkeit von den Briten an die Amerikaner über und Bremen wurde zur amerikanischen Enklave. Sofort begannen Räumungsarbeiten im Überseehafen, die von alliierten Taucherverbänden in Zusammenarbeit mit Angehörigen der ehemaligen deutschen Kriegsmarine ausgeführt wurden. Hier wie beim weiteren Wiederaufbau im Hafen ergab sich schnell eine gut funktionierende Zusammenarbeit der

---

Überseehafen frei von Wracks – Argo-Dampfer wurde gehoben

Nach einem schweren Bombentreffer im August 1944 kenterte der brennende, 2600 BRT große Argo-Dampfer »Philipp Heineken« im Überseehafen und sank. Seine Masten legten sich weit in das Hafenbecken und hinderten die Schifffahrt. Im März dieses Jahres begannen die Vorbereitungen für die Hebung. Tag für Tag tasteten die Taucher einer Hamburger Firma das Wrack nach Lecks und Öffnungen ab. Die Masten wurden in gefahrvoller Unterwasserarbeit abgeschnitten. Alle Bullaugen, Ventilatoren, Einschlaglöcher, Ausgüsse und die beiden 29 m langen Ladeluken wurden abgedichtet. Auf die aus dem Wasser ragende Steuerbordseite setzte man sechs Hebeböcke von je 80 t Zugkraft und rammte auf dem Kai die Verankerungen für schwere elektrische Winden, um damit das auf der Seite liegende Schiff aufzurichten.

Am 13. Oktober strafften sich zum ersten Mal die Trossen und richteten das Schiff aus seiner Seitenlage um etwa 20 Grad auf. Wieder stiegen die Taucher in das trübe Hafenwasser und beseitigten die nun frei gewordenen Lecks […] Um 3 Uhr nachts liefen die elf Pumpen an und saugten stündlich 2600 t Wasser aus dem Schiffskörper. Vorn unterstützte mit einer Kraft von 250 t der »Lange Heinrich« und an der Seite halfen die beiden 100 t hebenden Schwimmkräne »Viper« und »Otto Harmstorf 1«. Mit jeder Tonne gepumpten Wassers richtete sich der »Philipp Heineken« auf, bis er sich um 8 Uhr morgens, bei steigender Flut endlich vom Grunde löste und schwamm. […] Nun wird bald die für uns wertvolle Ladung, die aus Zellulose, Papier und Sperrholz besteht, gelöscht sein. Der Überseehafen ist mit dieser Bergung, die als die schwierigste in Bremen angesehen wurde, bis auf eine unmittelbar neben dem »Philipp Heineken« gesunkene, leicht zu hebende Schute, frei von Wracks.

Aus dem »Weser-Kurier« vom 7. Dezember 1946

Überseehafen, kriegszerstörte Hafenanlagen und versenkte Schiffe bestimmen das Bild. Im Vodergrund die auf der Seite liegende »Philipp-Heineken« bei Schuppen 13

Amerikaner mit den deutschen Fachleuten vor Ort. Früher als in anderen Bereichen des öffentlichen Lebens wurde die amerikanische »Bremen Port Command« im Juni 1945 in die deutsch besetzte »Bremen Civil Port Authority« umgewandelt.

Die Räumungsarbeiten gingen zügig voran, und schon Ende 1945 kam das erste Schiff aus Übersee wieder nach Bremen. Auch landseitig wurde der Hafen in Ordnung gebracht. Anfang 1946 wurden zunächst etwa 1000 Meter Kaianlagen vor Schuppen 15/17, das Areal des Wendebeckens und der Holz- und Fabrikenhafen wiederhergestellt. Nun hatte man ein eingegrenztes und bewachbares Stück Hafen, über das der Nachschub der Amerikaner und abgewickelt werden konnte. Ende 1946 wurde dann das letzte große Wrack aus dem Überseehafen geborgen.

CARE-Pakete und andere Lieferungen

Schnell herrschte im Hafen reger Betrieb. Ab 1946 liefen die amerikanischen Warenlieferungen so gut wie vollständig über Bremen. Auch das persönliche Hab und Gut der Angehörigen der amerikanischen Truppen wurden hier verladen. Die amerikanischen Soldaten und ihre Familien auf der Durchreise zu ihrem Besatzungsstandort landeten ebenfalls in Bremen und Bremerhaven an. Ab Juli 1946 kamen mit den CARE-Paketen (CARE = »Cooperative for American Remittances to Europe«) und CRALOG-Sendungen (»Council of Relief Agencies Licensed Over Germany«) verschiedene Hilfeleistungen für die notleidende Bevölkerung von Wohlfahrtsverbänden,

Kranabbau im Europahafen 1950. Im Hintergrund ein für den Wiederaufbau vorbereiteter Schuppen an der »Franziuskaje«

Die Ankunft der »Liebesgaben« aus den USA wurde seitens der Amerikaner regelmäßig medienwirksam inszeniert. Hier trifft das CRALOG-Schiff »Gretna Victory« 1948 im Überseehafen ein

Achtung Schmuggler! Zöllner verplomben Waggons im Überseehafen 1949

der katholischen und evangelischen Kirche, den Gewerkschaften, den Quäkern und amerikanischen Privatleuten nach Bremen. Über acht Millionen »Liebesgaben« wurden zwischen 1946 und 1960 in Bremen umgeladen und in den westlichen Besatzungszonen in Deutschland, Österreich und der Tschechoslowakei verteilt. In den Paketen waren Lebensmittel wie Trockenmilch, Weizenmehl, Gemüse- und Fleischkonserven, Zucker, Kaffee, Schmalz, Rosinen oder Schokolade, Bedarfsgüter wie getragene Schuhe oder Kleidung, aber auch Luxusartikel wie Zigaretten und Seife verpackt. Dieses bedeutete einen schnellen Umschlagsboom für die Bremer Freihäfen und die nachgeordneten Wirtschaftszweige und sicherte den Amerikanern neue Absatzmärkte für ihre Überproduktion. Nach dem absoluten Schiffbauverbot konnten auf den Bremer Werften ab Oktober 1946 wieder Binnen- und Küstenschiffe bis maximal 1500 BRT und zwölf Knoten Geschwindigkeit hergestellt werden.

Mundraub, Organisieren und Schwarzhandel

Für die Bremer Bevölkerung bedeuteten die Lieferungen der Amerikaner mehr als nur die Aussicht auf Hilfeleistungen aus einem CARE-Paket. Wer im Hafen zu tun hatte, sei es im Arbeitsdienst bei der Beseitigung der

Wenn die schwarzen Waren locken – Streiflichter aus dem Summary Court

Fräulein Johanna aus Duisburg hatte Sehnsucht nach ihrem in Bremen wohnenden Freund. Sie setzte sich kurzerhand auf die Bahn, fuhr nach Bremen, wurde bei einer Kontrolle aufgegriffen, und da sie ohne Reisegenehmigung war, mußte sie sich vor dem Einfachen Militärgericht verantworten. Es war bereits ihre dritte Reise. 10 Tage Haft muß sie dafür absitzen, da sie ohne triftigen Grund auf Reisen ging und sich länger als drei Tage in Bremen aufhielt.

Zwei junge Leute kamen vom Baden und hatten sich einen Sack mitgenommen, um angeblich Holz zu sammeln. Als sie zufällig an einem Feld mit Bohnen vorbeikamen, so erzählten sie, knurrte ihnen der Magen, und da sie seit längerer Zeit regelmäßige Mahlzeiten entbehrten, kamen sie auf den Gedanken, hier in eine Art Selbstversorgung überzugehen. 14 Pfund Bohnen pflückten sie ab. Es wurde eine teure Mahlzeit für jeden, die mit 10 Tagen Haft ihnen die Lehre geben wird, solche Eigenmächtigkeiten zu unterlassen. […]

Zwei junge Leute, der eine Pole, der andere aus Schlesien eigenmächtig nach hier gekommen, machten sich auf dem Neustadtbahnhof auffällig bemerkbar. Bei ihrer Verhaftung fand man in einem Koffer des einen Schinken, Speck, Milch und ein Paar Schuhe amerikanischer Herkunft. Der Mann bekannte, diese Waren auf dem Lande zum Teil ertauscht zu haben. Es stellte sich heraus, daß es sich um UNRRA-Verpflegung [United Nations Relief and Rehabilitation Administration] handelte, die er unrechtmäßig zu Schwarzhandelszwecken verkaufte. Der zweite war ohne Wohnung und Arbeit. Nun muß der eine 90 Tage, der andere 60 Tage Gefängnis und Ableistung schwerer Arbeit für das dunkle Geschäft eintauschen.

Arbeiter mit einem »Hasen«, dem im Hafen gesammelten Brennholz

700 Zigaretten wollte W. von einem Seemann, wie er angab, rechtmäßig erworben haben. Da es sich um nicht versteuerte Ware handelt, die nicht im freien Verkauf zu haben ist, fand dieser unbefugte Besitz von alliiertem Eigentum mit 30 Tagen Haft oder 300 RM Geldstrafe eine Sühne. […]

Im Besitz von H. wurde ein Offiziersdolch gefunden. Er gestand, diesen von einem Kameraden bekommen zu haben, für den er ihn gegen Zigaretten mit einem amerikanischen Soldaten tauschen sollte. Eine Stange war ihm bereits zugesichert und zwei Päckchen als Vermittlungsgebühr ihm zugesagt. Das Tauschgeschäft kam durch seine Verhaftung nicht zustande. B. weigerte sich ausdrücklich, den Namen seines Kameraden zu nennen, und der unbefugte Besitz einer verbotenen Waffe brachte ihm sechs Monate Gefängnis ein. Bei guter Führung soll ihm ein Teil der Strafe erlassen werden.

Herbert Sch. betrat unberechtigt das Hafengelände, um einen Kollegen zu besuchen. Er sah in einem Güterwagen eine Anzahl Rationspäckchen liegen und nahm fünf davon an sich. Die Gelegenheit machte ihn zum Dieb, und 90 Tage Haft werden ihm eine Warnung sein, sich nicht wieder an alliiertem Eigentum zu vergreifen.

Zwei Eisenbahnbeamte waren angeklagt, 16 Dosen Zucker zu je einem Pfund an sich genommen zu haben. Im Laufe der Verhandlungen stellte sich heraus, daß der Schaffner diese in einem Bremshaus des Zuges fand und sie abgeben wollte. Im Mantel des Zugführers fanden sich zwei Dosen, die ihm aber durch einen Fremden dort hineingetan sein mussten. Da Zweifel an ihrer Schuld bestanden, ließ das Gericht die Anklagen gegen sie fallen. Bei dieser Gelegenheit sei darauf hingewiesen, daß verschiedentlich Eisenbahnbeamte alliiertes Gut, das sie zwischen den Schienen oder auf dem Bahngelände fanden, in der Absicht an sich nahmen, es abzuliefern, und dabei von einer Kontrolle gestellt wurden. Die Anklage wegen unbefugten Besitzes von alliiertem Eigentum oder sogar Diebstahl waren die Folgen. Es ist in solchen Fällen stets ratsam, den nächsten MP-Posten zu benachrichtigen und den Fund durch diesen bergen zu lassen.

Aus dem »Weser-Kurier« vom 20. Juli 1946

Gartenarbeit vor einem Behelfsheim der Jutefabrik. An der Grenzstraße, Höhe Syndikushof wurden 1945 sechs solcher Heime gebaut

Aus Briefen einer unbekannten Berlinerin und ihrer drei Kinder an den Vater in Gefangenschaft zu Weihnachten 1945: »Unsere Lebensmittelzuteilung ist folgende pro Tag: 300 Gramm Brot, sieben Gramm Fett (Kinder 15 Gramm), 30 Gramm Nährmittel, 15 Gramm Fleisch, 400 Gramm Kartoffeln, 15 Gramm Zucker. Die 25 Gramm Bohnenkaffee verkaufte ich und habe damit die Miete raus. Holz oder Kohlezuteilung keine« (Anne-Marie Schulze in: Die Geschichte der Frau im Nachkriegsdeutschland von 1945 bis 1949)

Zollkontrolle am Holz- und Fabrikenhafen 1945

ähnliches zu organisieren. Das »Organisieren« galt bei den Hafenarbeitern nicht als Diebstahl, sondern höchstens als Mundraub. Stolz wurden die erbeuteten Waren präsentiert, die man in der Kleidung eingenäht oder zwischen Schuh und Sohle versteckt aus dem Hafen herausgeschmuggelt hatte. Da das Gefälle zwischen der Menge der im Hafen präsentierten Waren – die Verladung der CARE-Pakete wurde von den Amerikanern regelmäßig medienwirksam inszeniert – und der Not der Bevölkerung extrem groß war, etablierten sich schnell Schwarzmarktgeschäfte. An diesen Geschäften waren nicht nur die (Hafen-) Arbeiter, sondern auch die GIs selbst beteiligt. Außerdem handelten auf dem Schwarzmarkt auch viele »displaced persons« – ehemalige Zwangsarbeiter und Kriegsversehrte –, da diese über höhere Lebensmittelrationen verfügten. Auf dem Schwarzmarkt wurden Dinge des täglichen Bedarfs wie Kaffee, Butter, Fleisch, Käse, Schnaps oder Medikamente teilweise direkt gegen Uhren, Schmuck, Fahrräder, optische Geräte und anderes getauscht. Sogar nationalsozialistische Devotionalien wurden angeboten. Sehr oft bediente man sich auch der inflationsfesten Währung »Zigarette«. Für eine Zigarette bekam man ein Brot, für eine ganze Packung 20 Pfund Kirschen und für einen Fotoapparat wurden bis zu 20 Stangen Zigaretten getauscht. Im Schwarzmarktgeschäft waren ganze Schieberbanden tätig und für diese wurde im Hafen nicht nur organisiert oder geklaut, sondern in großem Stil Waggons oder Schuppen geplündert. Wer erwischt wurde, musste allerdings auch schon bei kleinen Vergehen mit empfindlichen Strafen rechnen.

Die Besatzer und die Port Authority versuchten, den Schmuggel und den organisierten Schwarzmarkt mit verschiedenen Maßnahmen einzudämmen. Die Umzäunung des Hafengeländes wurde verbessert und mit Stacheldraht gesichert. Ein- und Ausgänge gab es unter anderem am Tunnel Waller Stieg, an der Neptunstraße und am Hansator. Die Zolltore wurden von der Militärpolizei streng kontrolliert. Den Arbeitern wurden Hafenpässe ausgestellt, ohne die ein Zutritt zum Hafen nicht gestattet war. Das Löschen der Schiffsladung wurde beschleunigt und möglichst wenig Ladung gelagert. Regelmäßig wurden die Schuppen und Speicher kontrolliert. Bremen hatte den Ruf, besonders hart gegen Schmuggler und Schwarzhändler vorzugehen. Zwischen Juli 1946 und Juni 1947 wurden insgesamt 675 Personen wegen Schwarzmarkthandels festgenommen. Eine

Trümmer, im Wiederaufbau oder als Hafenarbeiter, konnte dort einen Blick auf amerikanische Waren werfen. Viele versuchten etwas abzubekommen und für die Familie zuhause Kaffee, ein paar Zigaretten, Zucker oder

Bedauerlicher Vorfall im Überseehafen

[...] Am 14. August 1946, mittags 14 Uhr, wurden zwei Panzerspähwagen mit Maschinengewehren in den Hafen geschickt. Ohne Wissen der Polizeiwache und sonstiger Stellen wurde unter Leitung des Oberleutnant Woods eine Razzia durchgeführt. [...] Außer den Panzerspähwagen fuhren noch etwa 6–8 Jeeps in den Hafen. Die Razzia fand in der Nähe der Schuppen 13–15 statt. Mit ungesicherten Gewehren wurden die Arbeiter untersucht, einige wurden überhaupt nicht untersucht, andere sechs Mal. Die Hafenarbeiter hatten keine Veranlassung gegeben, mit solch schweren Kampfmitteln vorzugehen, sie verhielten sich vollkommen ruhig. Eine Gruppe von Arbeitern, die bereits untersucht waren, hatte sich etwa 20–30 m hinter dem Sperrgebiet aufgestellt. Angeblich soll ihnen von Oberleutnant Woods zugerufen sein, dort zu verschwinden. Die Arbeiter haben das jedoch nicht verstanden. Plötzlich wurden zwei Revolverschüsse abgegeben und der Arbeiter Curt Morsche, 40 J. alt, direkt in die Brust geschossen und ein weiterer Arbeiter am Arm verletzt. Die Ausbeute der Razzia, die auf der Wache 13 niedergelegt ist, ist im Vergleich zu dem Aufwand außerordentlich gering [...] Im Anschluss an den Vorfall hat Oberleutnant Woods in einer Besprechung mit den Betriebsräten der Arbeiterschaft folgendes zum Ausdruck gebracht: Es tue ihm leid, daß ein Mann erschossen worden sei. Es sei dies auch nicht seine Absicht gewesen, er habe über die Köpfe der Arbeiter hinwegschießen wollen, aber er lasse sich von deutscher Seite keine Vorschriften machen, wann er seine Waffe zu gebrauchen habe. Sie hätten gesiegt und die Deutschen den Krieg verloren.

Aus dem »Weser-Kurier« vom 17. August 1946

Eskalation der Kontrollen, wie sie sich während einer Razzia im Hafen im August 1946 ereignete, bei der ein Arbeiter von einem amerikanischen Oberleutnant erschossen wurde, war trotzdem die Ausnahme. Der Vorfall lässt aber erahnen, wie vielschichtig und sensibel das Verhältnis zwischen den Bremern und ihren amerikanischen Besatzern besonders angesichts des intensiven Schwarzhandels gewesen sein muss. Denn nach der ungenügenden Entschuldigung des Schützen kam es zu Unruhen und Arbeitsniederlegungen unter den Arbeitern, worauf Bürgermeister Kaisen sich nach energischen Einsprüchen durch Betriebsrat, Hafenverwaltung und Polizei persönlich um die Angelegenheit kümmerte.

Bei den Verhandlungen über diesen Vorfall forderte er, »auch den letzten deutschen Arbeiter als nicht geringer anzusehen als irgendeinen anderen Arbeiter«, die überspitzte militärische Behandlung zu beenden und die Rechtsunsicherheit zu beseitigen. Daraufhin wurde Oberleutnant Woods aus dem Hafen entfernt und noch einmal bestätigt, dass die »deutsche Polizei vollkommene Machtbefugnisse im Hafen« hätte. Als Folge des Vorfalls beging Oberleutnant Arthur H. Woods am 21. November 1945 Selbstmord und hinterließ der Witwe des getöteten Arbeiters Entschädigungsgeld.

Um den ausufernden Schmuggel im Hafen einzudämmen, versuchten die Amerikaner durch verschiedene Zugeständnisse an die Arbeiter, einen reibungslosen Ablauf des zunehmenden Umschlags im Hafen zu sichern: Ein Prozent der Hilfslieferungen wurde als Deputat direkt

Die amerikanische »Military Police« (MP) in Begleitung von deutschen Polizisten auf Streife 1949

Blick auf den Überseehafen mit Hafenkopf und Schiffen Richtung Bremen Stadt Anfang der 50er Jahre. Hinter dem Hafenamt links sind noch die Jute und der Turm der Wilhadi-Kirche zu sehen. Rechts der Europahafen und der neugebaute Speicher I

Kaffee unter Hagebutten versteckt – Erfolgsbilanz der Bremer Zollfahndung 1951: 5 Mill. DM dem Staat gerettet

Die raffiniertesten Methoden wenden die Schmuggler an, um dem Zoll ein Schnippchen zu schlagen. Aber auch mit altgeübten Praktiken wird immer wieder versucht, die Waren aus dem Hafen oder über die Grenze zu bringen. So geschah es Ende letzten Jahres, daß die Zollfahnder 110 Zentner Kaffee entdeckten, die, in 30-kg-Beutelchen verpackt, in Säcken mit Hagebutten versteckt waren. Anfang dieses Jahres konnte die Bremer Zollfahndung einen ganzen Schmuggelring sprengen, als im Hafen beobachtet worden war, wie zwei Männer 50.000 Zigaretten in ein Auto verpackten. Wie sich herausstellte, hatte dieser Schmuggelring, an dem einschließlich »Kleinverteiler« 30–40 Personen beteiligt waren, in den letzten zwei Monaten 300.000 Zigaretten geschmuggelt. Wenn man berücksichtigt, daß nur etwa ein Zehntel der als geschmuggelt ermittelten Waren tatsächlich noch beschlagnahmt werden können, so kommen ganz erhebliche Werte zusammen. Dies ist ein Auszug aus der Liste des 1951 beschlagnahmten Schmuggelguts: 11.000 Zigaretten, 1.100 Kilogramm Kaffee, 500 Kilogramm Tee, 38.000 Paar Nylonstrümpfe, 24.000 Kilogramm amerikanische Heereskonserven, 22.000 Rollen Nähgarn. Zahlreiche Lastwagen, Personenautos und Motorräder wurden ebenfalls beschlagnahmt, da sie zum Schmuggeln benutzt wurden.

Aus den »Bremer Nachrichten« vom 5. Februar 1952

»To the Docks« – durch diesen Tunnel ging der Weg der Hafenarbeiter und Seeleute vom Waller Stieg zum Holz- und Fabrikenhafen und zum Überseehafen

an die Arbeiter ausgegeben. Sie bekamen zusätzlich zum Lohn warme Mahlzeiten. Und nach einem Appell Wilhelm Kaisens 1946, beschädigte Ware nicht mehr zu versenken, sondern den Hilfsbedürftigen zukommen zu lassen, wurde diese ebenfalls teilweise an die Hafenarbeiter ausgegeben. Trotzdem konnten die Schwarzmarktgeschäfte erst mit der Währungsreform im Juni 1948 lahm gelegt werden, und Polizei und Behörden hatten es bis weit in die 50er Jahre hinein schwer, den organisierten Schmuggel in den Griff zu bekommen.

In der extremen Not der Nachkriegszeit hatten sich bei vielen Menschen neue (Über-) Lebensregeln etabliert: das »Organisieren« unterschied sich vom Diebstahl – und »Mundraub« wurde im Hungerwinter 1946 sogar kirchlich legitimiert, als der Kölner Erzbischof Joseph Kardinal Frings in seiner Silvesterpredigt sagte: »Wir leben in Zeiten, da in der Not auch der Einzelne das wird nehmen dürfen, was er zur Erhaltung seines Lebens und seiner Gesundheit notwendig hat, wenn er es auf andere Weise durch seine Arbeit oder durch Bitten nicht erlangen kann.« Auch Schmuggel und Schwarzhandel galten nur als dringend notwendige Möglichkeiten, die kärglichen Lebensbedingungen für die Familie zu verbessern, ebenso wie das Anbauen ohne Baugenehmigung. Doch diese Betrachtungsweise führte angesichts der Verlockung weiterer Annehmlichkeiten oder Verdienstmöglichkeiten nicht selten zur Rechtfertigung für den Einstieg in größere Schmuggelgeschäfte und Schiebereien oder in die allgemeine Überzeugung, es in rechtlichen Grauzonen mit den Richtlinien des gesellschaftlich geregelten Lebens nicht so genau zu nehmen.

Amerikaner in Walle …

Denn während der Hafenumschlag durch die Nachschublieferungen der Besatzer anzog, war auf der anderen Seite des Tunnels die Suche nach legaler Beschäftigung, durch die man das Hungern beenden konnte, recht aussichtslos. Für viele war die einzige Verdienstmöglichkeit das »Trümmerschuttklopfen«, der Aufräumdienst, bei dem in mühevoller Handarbeit die Reste zerstörter Häuser abgebaut und daraus Baumaterialien für den Wiederaufbau gewonnen wurden. Doch nach und nach kamen immer mehr Amerikaner aus dem Hafen nach Walle. Auf den »Tobacco Roads«, den viel von Amerikanern frequentierten Laufwegen, folgten ihnen bereits die Jugendlichen, um weggeworfene Zigarettenkippen zu ergattern. Kinder, die Schokolade geschenkt bekamen, verzehrten sie sofort, damit Erwachsene sie ihnen nicht als Tauschware abnehmen konnten. Und die Waller fanden schnell heraus, was sie den amerikanischen Soldaten im Austausch für Dollars bieten konnten: Amüsement und Erholung vom militärischen Dienst. Besonders ausschweifend wollten diejenigen feiern, die sich auf der Durchreise von Amerika zum jeweiligen Stützpunkt oder zurück befanden. Für die GIs gab es zwar amerikanische Soldatenclubs wie den »River Club« – das heutige »Bürgerhaus Weserterrassen« am Osterdeich. Doch diesen Clubs fehlte vor allem eins: Frauen.

… und die Frauen

Diese fanden sich aber zum Beispiel in den alten Gaststätten am Hafenausgang in Walle. Hier gab es alles, was den amerikanischen Soldaten fehlte: Bier, ausgelassene Geselligkeit und deutsche »Frolleins«. Diese entkamen in den Kneipen ihren provisorischen und kalten Unterkünften und begaben sich mit der Aussicht auf ein warmes Essen oder wertvolle Tauschwaren und Dollars gern in die Gesellschaft der Besatzer. Aus solchen Treffen entwickelten sich durchaus viele deutsch-amerikanische Beziehungen, für die die deutschen Frauen nicht selten als »Ami-Liebchen« diskriminiert oder sogar tätlich an-

Ob in Uniform oder in Zivil – amerikanische Soldaten suchen Zerstreuung in den »Küsten«-Lokalen …

… und treffen dabei zum Beispiel auf die Damen aus der »Arizona-Bar«

Bernie Becker über einen besonderen Besuch in der Kaserne in Garlstedt

…und dann haben da jede Menge Amerikaner vonne Soldaten verkehrt, die kamen dann sogar von der Garlstedter Heide her. Und denn hat eine 'n Kind gekriegt, ich weiß sogar den Namen noch, und dann ist die hingefahren mit der Taxe und da hat der Kommandant gesagt – die Frau lebt heute noch, die hat 'n Mädchen gekriegt, und dann hat se gesagt, jaa, der will nicht bezahlen. Und das war 'n ganz harter Junge, der Oberst. Und dann hat der alle aufstellen lassen und dann hat se den rausgesucht. Und dann kriegten die Küsten-Verbot vonner Garlstedter Heide. Die Soldaten durften nicht mehr hin, sind aber noch gekommen mit Privatsachen, nicht mehr in Uniform. Da hat die eigentlich die Schuld gehabt, dass die nicht mehr kommen durften.

Rechte Seite: Aus Trümmerschutt zu Weltruhm – das »Golden City« 1947

gegriffen wurden, und auch in den Kasernen wurde es nicht gern gesehen, dass die GIs zur »Küste« fuhren.

Für viele Frauen waren die GIs aber vor allem eine willkommene Verdienstquelle, durch die sie den schweren Nachkriegsalltag überstehen konnten. Denn schließlich standen die meisten allein vor den Trümmern ihres Vorkriegslebens – ihre Männer waren gefallen, in Kriegsgefangenschaft oder verletzt heimgekommen. Die Amerikaner waren gesund, selbstbewusst und zahlten für Liebe mit den begehrten Zigaretten und anderen Konsumgütern.

Viele Lokale entstehen …

Nach Kriegsende gab es direkt am Tunnel zum Hafen – in der Wißmannstraße und am Waller Stieg/Ecke Nordstraße – drei Lokale: »Wehage«, »Günzel« (später »Bruno Mosig«) und »Mutti Weiß«. Diese Kneipen entwickelten sich schnell zu beliebten Treffpunkten und konnten dem wachsenden Ansturm bald nicht mehr genügen. Hier waren die militärische Disziplin, die traumatischen Kriegserlebnisse und das Nachkriegselend ausgeblendet, es wurden Geschäfte gemacht, Arbeit vermittelt, Kontakte geknüpft, und vor allem wurde gefeiert. Vor der Theke waren alle gleich, im Alkoholrausch verbrüderte man sich schnell, kam sich aber ebenso

Nachdem das »Fraternisierungsverbot« bereits im Juni 1945 gelockert und im Oktober desselben Jahres aufgehoben worden war, ließen sich etwa 90 Prozent der amerikanischen GIs mit deutschen Frauen ein. Eheschließungen blieben noch bis 1946 verboten. Ein Jahr später bestanden in ganz Deutschland bereits 2300 Ehen zwischen deutschen Frauen und GIs, im Jahr 1955 waren es 7000. Im Jahr 1948 wurden in Bremen und Bremerhaven 192 unehelich geborene Kinder gemeldet, deren Mütter einen GI als Vater angaben, drei davon waren afroamerikanisch, die Dunkelziffer war natürlich höher

schnell auch in die Quere. Hier war »Bewegung«. Wer rundherum ein Grundstück besaß oder pachten konnte, versuchte sich so schnell wie möglich am lockenden Geschäft zu beteiligen.

Als Erstes wurde der »Elefant« eröffnet, danach die »Arizona-Bar« und dann das »Golden City«. Diese Lokale wurden sämtlich in Eigenarbeit aus Trümmern aufgebaut. Michael Gerdes, Sohn des Fuhrunternehmers Heinz Hermann Gerdes, berichtet von der Bauernschläue seines Vaters, der es schaffte, den Amerikanern gleich nach dem Krieg die ersten Lkws abzuschnacken, danach eine Tankstelle dazu aufbaute, damit für ihn das Benzin billiger war, und dann auf dem Gelände der Reifenwerkstatt von Großvater Heinrich Gerdes das »Golden City« errichtete: »Die haben gleich nach dem Krieg angefangen, die Steine zu kloppen. Die Männer waren mit dem Lkw unterwegs und die Frauen haben in der Woche die Steine geklopft. Und wenn die Männer am Wochenende wiederkamen, dann haben die weiter ihre Steine vermauert. Und so ist das Ding denn hochgebaut worden. [...] Vor der Währungsreform stand das schon.«

Geschäft am Hafen blüht

Bremen ist eine Hafenstadt. Nach dem Kriege war es eine Trümmerstadt. Die Seeleute eines ausländischen Schiffes erklärten damals: »Wir wollen nach St. Pauli, nicht in den Trümmerhaufen Bremen.« Die Vergnügungsstätten gehören zu einem Hafen wie die Schuppen am Kai und die großen Bürohäuser im Zentrum der Stadt [...] Nicht mehr lange wird es dauern, dann eröffnet am Waller Ring das neunte Lokal. Noch vor fünf Jahren gab es an dieser Ecke nur drei Lokale: »Wehage«, »Günzel« und »Mutti Weiß«, die bald 30 Jahre hinter ihrer bei allen Seeleuten der Welt bekannten Theke regiert [...] Nebenan lehnte noch vor kaum einem Jahr eine Imbißbude ihre hölzerne Rückfront an einen Drahtzaun: »Brühe, Würstchen, Zigaretten und Süßigkeiten« – bis in die späte Nacht. Aus der Imbißbude ist inzwischen ein Lokal geworden. Das Geschäft in der Hafengegend blüht. Tagsüber trinken die Hafenarbeiter ihr Bier, nachts sind Seeleute und Frauen, immer dieselben Gesichter, die Gäste. Schwedische Seeleute wünschten sich in den vergangenen Jahren immer wieder dasselbe: Tanz. Bisher war das im Hafen nicht möglich, offiziell jedenfalls. Jetzt ist aus einer Werkhalle ein Tanzlokal geworden: »Golden City«.

Aus dem »Weser-Kurier« am 27. Januar 1951

Das erste neue Lokal an der »Küste«, der »Elefant« der Wirtin Thea Finkenwirth wurde 1947 bereits nach drei Monaten von der Polizei geschlossen, da dort »keinerlei Bedacht auf Moral, Anstand und Sittlichkeit« genommen wurde. Auf dem Bild ist das Personal mit Geschäftsführer Karl Friedrich Bockholt im Februar 1952 zu sehen

…ohne Baugenehmigung

Natürlich waren diese schnell errichteten Lokale allesamt Schwarzbauten, für die es keine oder nur widerrufliche Baugenehmigungen gab. Dies spielte zunächst aber weiter keine große Rolle, da es am Hafenausgang zur Nordstraße einen immens wachsenden Bedarf nach Lokalitäten gab und Behelfsbauten in den ersten Jahren nach dem Krieg auch wegen der großen Wohnungsnot überall geduldet wurden. Die Konzentration dieser etwa 30 bis 40 Lokale genau an diesem Hafenausgang in Walle hängt auch mit der städtebaulichen Planung Bremens nach dem Krieg zusammen. Einerseits wurde der Europahafen erst Mitte der 50er Jahre wieder instandgesetzt und der Teil des zerstörten Stadtteils zwischen Europahafen und Nordstraße als Hafenerweiterungsgelände

Ihre Gaststätte »Wehage« stand schon vor dem Krieg am Tunnel: Frau Wehage (rechts)

Vor der Einführung der Musikboxen machten Live-Bands Stimmung

vorgesehen. So erübrigte sich dort, am ehemaligen Zugang des Europahafens zur Stadt auch ein Wiederaufbau der vormaligen Vergnügungslokale rund um »Ehlebracht«. Andererseits wurde im Gesamtverkehrslinienplan der Stadt wegen des zu erwartenden steigenden Verkehrsaufkommens vorgesehen, die nördlichen Stadtteile und die umliegenden Orte bis Stade und Bremerhaven durch eine vierspurig ausgebaute Hafenrandstraße besser an die Innenstadt und den erweiterten Hafen anzubinden. Baurat H. Heinz G. Wohlgemuth schrieb 1955 in Heft 5 der Schriftenreihe »Die Neugestaltung Bremens«: »Durch die notwendige Erweiterung des Hafengebietes ergab sich zwangsläufig, daß als Hafenrandstraße die Hans-Böckler-Straße und die Nordstraße entsprechend auszubauen waren. [...] Wegen des starken Verkehrs, der auf diesen Straßen zu erwarten war, konnte das neue Wohngebiet der westlichen Vorstadt künftig nur noch zwischen diesen beiden Straßenzügen, nämlich der Hafenrandstraße (Hans-Böckler-/Nordstraße) und der Ausfallstraße nach Norden (Utbremer und Waller Heerstraße) liegen.«

Ein Großteil der Lokale (in der Wißmannstraße, am Waller Stieg und auf der westlichen Seite der Nordstraße) befand sich also auf Grundstücken, die nicht für den Wiederaufbau von Wohnhäusern, sondern erst für den späteren Ausbau der Hafenrandstraße vorgesehen waren; und bis dahin wurden sie trotz erheblicher baulicher Mängel und fehlender Baugenehmigungen auf Widerruf zugelassen und viele Jahre geduldet.

Kein Zweifel: Die Nachkriegszeit hatte die Waller fit gemacht für ein Wirtschaftswunder. Sie konnten ein gutes Geschäft erkennen, organisieren und improvisieren, einen schnellen Zweckbau errichten, hatten keine Scheu vor Fremden, kannten sich vor und hinter der Theke aus, nahmen es mit den gesellschaftlichen Regeln nicht so genau und setzten entschlossen alle Kräfte zum eigenen Vorteil ein. Die Hochkonjunktur im Bremer Hafen in den 50er und 60er Jahren fiel in Walle auf fruchtbaren Boden.

Nächste Seite: Eine Brise »weite Welt« – Mädchen am Überseehafen

Nachkriegsbaracke: das »Arizona«

Die Meile

»Kehrt ein Seemann nach monatelanger Fahrt in den Hafen zurück, erwartet er harte Getränke und weibliche Wesen!«

Aus einem Polizeibericht 1954

Vom Hafen voller Schiffe, langen Liegezeiten, Stück- und Sackgut und zahlungskräftigen Seeleuten

Das Wirtschaftswunder nimmt Fahrt auf

Am Ende der ersten Ausbaustufe des Bremer Hafens 1950 waren 41 Prozent der zerstörten Schuppen und 35 Prozent der Speicher wiederaufgebaut und 70 Prozent der Kräne funktionierten wieder. Die Anzahl der gelöschten Schiffe und der Umschlag hatte das Niveau von 1938 erreicht. Noch kamen etwa ein Drittel der gelöschten Schiffe aus Amerika. Sie brachten Materialien, Werkzeuge und Maschinen aus dem Europäischen Wiederaufbauprogramm (European Recovery Program: ERP), auch Marshall-Plan genannt, das als finanzielles Hilfsprogramm zum Wiederaufbau der europäischen Länder besonders in den Einfuhrhäfen Bremen und Bremerhaven die Wirtschaftskraft belebte und die Zahl der Beschäftigten deutlich ansteigen ließ. Das Wirtschaftswunder in Deutschland nahm eigenständig Fahrt auf, als mit dem »Korea-Boom« Anfang der 50er Jahre die Nachfrage nach deutschen Produkten anzog. Besonders im Bereich rüstungsrelevanter Produktion konnte die deutsche Industrie nach der Aufhebung der Beschränkungen in der Eisen- und Stahlproduktion brachliegende Kapazitäten nutzen. Durch den Koreakrieg (1950–53) bestimmten erstmals Exporte das deutsche Wirtschaftswachstum. Im Gegenzug stieg die Nachfrage nach Konsumgütern und führte zu steigenden Importen.

Zwischen 1950 und 1960 verdreifachte sich der Umschlag in den bremischen Häfen. Die Kajen und Schuppen hatten zu diesem Zeitpunkt aber nur die Kapazität der Vorkriegszeit erreicht. Dies führte dazu, dass es ab Mai 1959 ständig große Wartezeiten in der Abfertigung der einlaufenden Schiffe gab. Im September konnten täglich sieben Schiffe nicht gelöscht werden, im Oktober betrug die Wartezeit der Schiffe bereits durchschnittlich zwei bis drei Tage, was erhebliche Kosten verursachte. Für ein Schiff mit 10.000 BRT musste man dafür mit 8000 D-Mark täglich rechnen. Um die Kapazitäten der stadtbremischen Häfen zu erweitern, gab Bürgermeister Wilhelm Kaisen am 28. November 1960 den Startschuss für den Ausbau des Neustädter Hafens, der 1964 in Betrieb genommen wurde.

Schiffe aus 50 fremden Staaten sind regelmäßig zu Gast in Bremen

Im Jahr 1966 kamen über 13.000 ausländische und deutsche Schiffe in die bremischen Häfen. Der Gesamtumschlag betrug 17 Mio. Tonnen. 50 fremde Staaten waren mit ihren Schiffen regelmäßig zu Gast in Bremen.

Linke Seite: Mannschaftskajüte auf dem Neptun-Frachter »Venus«, 1948

Tabelle aus: Bremen Bremerhaven, Häfen am Strom: River Weser Ports

Bremer Liniendienste – monatliche Abfahrten Anfang 1966

	total	davon deutsch	ausl.	Abfahrten insgesamt
Rheinmündungshäfen	4	2	2	150
Großbritannien / Irland	14	6	8	48
nordische Länder	16	11	5	11
übriges Westeuropa	17	6	11	40
Mittelmeer / Levante	25	11	14	48
Nordamerika / Ostküste	28	7	21	61
Nordamerika / Westküste	7	1	6	13
Nordamerika / Golfhäfen	12	3	9	21
Mittelamerika / Westindien	12	4	8	32
Südamerika / Ostküste	12	3	9	17
Südamerika / Westküste	7	2	5	13
Afrika	21	6	15	39
Rotes Meer / Persischer Golf / Indien	24	3	21	28
Indonesien / Neuguinea / Südsee / Ostasien	28	4	24	28
Australien	6	2	4	9
Neuseeland	4	0	4	2
gesamt	237	71	166	560

Werbefoto der Bremer Lagerhaus Gesellschaft aus den 60er Jahren

ALLE HERRLICHKEITEN DER WELT

Jede Kiste musste in Handarbeit an und von Bord gebracht werden – Hafenarbeiter mit Sackkarre

Rechte Seite: Im Schuppen wurde die Baumwolle geprüft – hier durch Küper Bernie Becker

Die häufigsten Gäste waren die niederländischen, norwegischen, britischen, US-amerikanischen, schwedischen, dänischen und französischen Schiffe. 237 Liniendienste sorgten allein für 560 monatliche Abfahrten in alle Länder der Welt. Das Wirtschaftswunder in den bremischen Häfen schien grenzenlos.

Die Verladung von Stück- und Sackgut

Die große Zahl an Liniendiensten ist auch darauf zurückzuführen, dass Bremen sich als Hafen für Güter entwickelt hatte, bei denen es auf individuelle Behandlung und Lagerung ankommt. Die häufigsten bremischen Handels- und Stapelgüter waren Baumwolle, Wolle, Jute, Kaffee und Tabak, dazu kamen Halb- und Fertigwaren der deutschen Industrie (Bauteile, Maschinen, Waren aus Keramik, Kautschuk, Holz, Papier etc.) – alles Waren, die als Stück- oder Sackgut einzeln oder in Ballen bzw. Kisten an und von Bord gehievt wurden.

Und jedes Schiff fuhr durchschnittlich 1300 Tonnen Ladung an oder ab. Um den je nach Schiffsgröße und Ladung schwankenden Arbeitsanfall flexibel bewältigen

Umschlag mit Sackkarre und Gabelstapler im Weser-Bahnhof

»In den 50er Jahren gab es zwei wichtige Veränderungen in der Hafenarbeit. Der Gabelstapler löste die Sackkarre ab und die ersten Ro/Ro-Schiffe fuhren über die Weltmeere. Der Wechsel von der Sackkarre zum Gabelstapler war eine erhebliche Arbeitserleichterung und sorgte auch für eine Beschleunigung des landseitigen Umschlags. Arbeitsplätze kostete die Umstellung auf Stapler nicht, weil das jährliche Wachstum des Hafenumschlags höher war als die Rationalisierung. Die Ro/Ro-Schiffe für den Überseeverkehr hatten die Fähren als Vorbild. Rollende Ladung fährt auf eigener Achse über große Rampen an und von Bord.« Hartmut Schwerdtfeger zur Beschleunigung der Hafenarbeit

Auf dem Weg zur »Küste«? – Ein Seemann läuft auf dem Bockschiff »Olgameta« über Deck

zu können, hatten die Bremer Hafenbetriebe ein spezielles Beschäftigungssystem entwickelt: Eine große Anzahl von Hafenarbeitern war ständig bei einem bestimmten Kajen- oder Stauereibetrieb beschäftigt. Zusätzlich gab es ein Kontingent von Arbeitern, die »ständig unständig« beim Gesamthafenbetriebsverein, von den Hafenarbeitern »Stall« genannt, angestellt waren, dort wöchentlichen Lohn bezogen und je nach Bedarf an verschiedenen Arbeitsstellen im Hafen eingesetzt wurden. In diesen beiden Gruppen waren 1950 zusammen 5000 Mann beschäftigt, 1960 waren es 10.000. Bei außergewöhnlich großem Ladungsanfall wurden ihnen kurzfristig Hilfsarbeiter von den Hafenarbeitsämtern zugewiesen. Die Zusammenarbeit fand in »Gängen« statt, das heißt, ständige und »ständig unständige«, erfahrene und unerfahrene wurden in wechselnden Arbeitsgruppen eingeteilt.

Obwohl in drei Schichten sieben Tage rund um die Uhr gearbeitet wurde und nur zum Verschieben der Waggons der Eisenbahn mittags eine einstündige Pause im Umschlag gemacht wurde, dauerte das Löschen und Laden eines Schiffes meist drei bis fünf Tage. Zu vielfältig waren die aufeinander abgestimmten Tätigkeiten der Kontrolle des Ladeguts, seiner Bewegung Stück für Stück vom Laderaum des Schiffes an Land und von dort das Stauen in Schuppen, Speicher, auf Eisenbahnwaggons oder Lastwagen.

Die Seeleute hatten frei ...

Während dieser Zeit hatte die Mannschaft der Schiffe Freizeit. Wer nicht als Wache oder für Reparaturen eingeteilt war, konnte also drei bis fünf Tage an Land tun und lassen, was er wollte. Und danach hatten die Seeleute einen riesigen Bedarf! Wochen- und teilweise monatelang hatten sie sich in reiner Männergesellschaft befunden. Keine Frauen an Bord, mitunter striktes Alkoholverbot, viele Überstunden und wenig Abwechslung – so sah der Alltag der Seeleute aus. Zu Beginn des 20. Jahrhunderts dauerten die einzelnen Schiffsreisen länger – dazwischen gab es aber immer Zeiten, in denen man wieder zuhause lebte. Jetzt waren die Pausen zwischen den Fahrten oft zu kurz für eine Heimreise. Viele Seeleute waren fast ständig auf See, unterbrochen nur durch kurze Aufenthalte zum Laden und Löschen. Da wurde dann das Ventil aufgedreht und aller Druck abgelassen! So gerieten die Landgänge bei vielen zu ausschweifenden Sauftouren, in denen eine andauernde Party mit Liebesrausch für den tristen Alltag auf See entschädigen sollte.

… und die Taschen voller Geld

Geld genug für eine ausgedehnte Feier hatten die meisten. Schließlich wurde in der Seefahrt gut bezahlt, wie ein Blick auf die nebenstehende Heuerabrechnung des Messestewards Heinz Deppe zeigt.

Das Feiern wurde von den Seeleuten an Land konzentriert nachgeholt. So strömten tausende auf der Suche nach ungezügeltem Spaß durch den Tunnel und in die Lokale des »Klein-St. Pauli«. Und natürlich nicht nur sie – auch tausende von Hafenarbeitern machten auf dem Weg von der Arbeit kurz Halt an der »Küste«. Besonders freitags, wenn der Wochenlohn in »Lohntüten« ausgezahlt wurde, war auch für viele Hafenarbeiter »Feierabend«, und nicht selten fand sich am Ende des Abends der gesamte Lohn in der Kasse einer Bar.

Die Lohntüte wurde in den Hafenbetrieben am Freitag ausgegeben. In dem durchsichtigen Papiertütchen, auf dem die Abbrechnung, also Bruttolohn, Abzüge und Nettolohn notiert waren, befand sich der Wochenlohn des Arbeiters. Hatte er ihn in der Tasche, konnte er ja »nur auf ein Bierchen« noch eben in einer Kneipe vorfahren. Wenn die Ehefrau ihn nicht bereits vor dem Werktor (z. B. A.G. »Weser«) abfing. Bernie Becker erzählte, dass viele Frauen ihre Männer dann auch anhand ihrer vor den Küstenkneipen abgestellten Fahrräder erkannten und sich dort ihr Kostgeld erkämpfen mussten.

Aus dem Jahr 1957 stammt diese Heuerabrechnung des Messestewards Heinz Deppe von der neuntägigen Überführung der »Pasteur« von Brest an der französischen Atlantikküste nach Bremen. Das Schiff war am Ende des Krieges dort festgesetzt worden und wurde später zur »Bremen« umgetauft. Die Heuer für den angehenden Messesteward betrug pro Monat 164 DM. Jede Überstunde wurde mit 1,10 DM berechnet. Als Überstunden galt alles, was auf See über zehn und im Hafen über neun Stunden täglich gearbeitet wurde. Sein Lohn betrug brutto 141,15 DM, was einem Tageslohn von etwa 15,60 DM entspricht – zum Vergleich: Hafenarbeiter bekamen zu dieser Zeit pro Schicht 17,15 DM. Allerdings musste der Messesteward während seiner Zeit auf See weder Kost und Logis bezahlen, noch hatte er andere Gelegenheiten, überhaupt Geld auszugeben.

Zeitzeugen erzählen

»Lass uns man mal zur Küste gehn«
Waller Bürger

»Das war die Meile, ne? Dahin, besoffen zurück und am nächsten Tag hat das Schiff wieder abgelegt«
Anita Jerzenbeck

»Das war nun mal eben die Küste«
Eine Prostituierte

»Das süße Leben, der Hafen lockte«
Eine Barfrau

»Und rein damit« Ein Seemann

»Also, für mich war das ein großes Experimentalfeld, ein Aquarium, in dem man alles sehen konnte« Peter Benje

»Und wir hatten auch immer Geld im Portemonnaie« Eine Prostituierte

»Das ist unglaubwürdig, aber das ist wahr« Bernie Becker

Teamarbeit bei der Verladung von Schwergut …

Da war Arbeit genug zu tun

Ein Seemann: Europahafen, Überseehafen, Holzhafen – da waren drei, vier Schiffe nebeneinander – das war bis oben hin voll!

… und beim Landgang

Hartmut Schwerdtfeger, zuständig für Öffentlichkeitsarbeit bei der BLG (Bremer Lagerhaus Gesellschaft), fasst die Entwicklung der Bremer Häfen nach dem Krieg zusammen: Am Ende des Zweiten Weltkrieges waren die Häfen in Bremen zu 90 Prozent zerstört. Der Wiederaufbau der Häfen hatte absolute Priorität. Es war Wilhelm Kaisens klares Ziel, denn die Häfen waren immer das wirtschaftliche Rückgrat der Hansestadt. Und schon im Herbst 1945 kamen die ersten Schiffe wieder nach Bremen. 1948 startete das ehrgeizige Wiederaufbauprogramm in Bremen. Nach dem Überseehafen wurde 1950 auch der Europahafen wieder hergerichtet. 1952 wurden schon wieder 8,5 Millionen Tonnen umgeschlagen. Das war mehr als in den Vorkriegsjahren. 1960 lag der Umschlag bei gut 15 Millionen Tonnen. Das Wirtschaftswunder zeichnete sich ab.

Bernie Becker war in den 50er und 60er Jahren als Mietwagenfahrer bekannt: Da haben die Schiffe gewartet, damit die Platz kriegen, die haben manchmal in Zweierreihen nebeneinandergelegen und außenbords gearbeitet. Ich sag ja, da war Arbeit genug zu tun.

Hartmut Schwerdtfeger: Bremen war und ist vor allem ein Stückguthafen. Die großen Schiffe der damaligen

»Lash Barges« in schwimmender Ladung im Überseehafen. Im Hintergrund die A. G. »Weser«

Zeit waren zum Beispiel die Stückgutfrachter der Burgenstein-Klasse des Norddeutschen Lloyd. Die zwischen 1958 und 1960 gebauten Schiffe waren in etwa 150 Meter lang und mit 8500 Bruttoregistertonnen vermessen. Um solche Schiffe zu fahren, brauchte man fast 50 Mann. Die Fracht bestand damals aus einer Vielzahl der unterschiedlichsten Einzelstücke, die überwiegend einzeln an und von Bord gehievt wurden. Das Löschen und Laden der klassischen Stückgutfrachter dauerte immer mehrere Tage, oft sogar eine ganze Woche. Manchmal mussten die Schiffe auch tagelang auf einen Liegeplatz warten, bevor sie bearbeitet werden konnten.

Bernie Becker: Wir haben damals 24 Stunden gefahren [Die Mietwagenfahrer]. Das kann man heute auch keinem erzählen, weil die Schiffe so unpünktlich reinkamen. Wenn der Kapitän aufm Atlantik oder auf der Nordsee war und dann war schlechtes Wetter, dann hat er gesagt: »Stopp, stopp, Maschine«, dann ist er da nicht gegen angefahren, wie heute bei der Bundesbahn: 13 Uhr und dann ist er um 13 Uhr da. Die sind dann gekommen, Stunden später, 'nen Tag später. Alles hat noch Zeit gehabt, verstehn Se?

Der Norddeutsche Lloyd (NDL)

wurde 1857 durch die Bremer Kaufleute Hermann Heinrich Meier und Eduard Crüsemann gegründet und entwickelte sich schnell zu einer der größten und erfolgreichsten Reedereien der Welt, vor allen Dingen durch seinen Linienverkehr zwischen Bremerhaven und New York, den zwischen 1830 und 1947 etwa sieben Millionen Auswanderer aus verschiedenen europäischen Ländern nutzten. Der Sitz der Reederei war in Bremen, die Abfertigung der Passagierschiffe fand in Bremerhaven statt. Der NDL spielte auch im Flugzeugbau und in der Stückgutschifffahrt eine Rolle. Besonders bekannt geworden sind die beiden großen Passagierdampfer, die Turbinenschiffe »Bremen« und »Europa«, die 1929 und 1930 mit einer Durchschnittsgeschwindigkeit von rund 27,9 Knoten das Blaue Band für die schnellsten Atlantikquerungen gewannen. 1970 fusionierte der NDL mit der HAPAG (Hamburg-Amerikanische Packetfahrt-Actien-Gesellschaft) zur HAPAG-Lloyd AG mit Sitz in Hamburg. Heute gehört dieses Unternehmen laut Firmenhomepage zu den Top Fünf in der weltweiten Containerschifffahrt.

Im »Golden City« bei Nacht…

Hartmut Schwerdtfeger: In den 60er Jahren liefen gut 1000 Schiffe monatlich Bremen an. Bei Besatzungsstärken von 40 bis 50 Mann besuchten also rund 50.000 Seeleute die Stadt. Wenn jeder drei Mal Landgang hatte, dann waren das etwa 150.000 unternehmungslustige Menschen im Monat, die nicht nur Durst auf Alkohol

…war immer eine große Party!

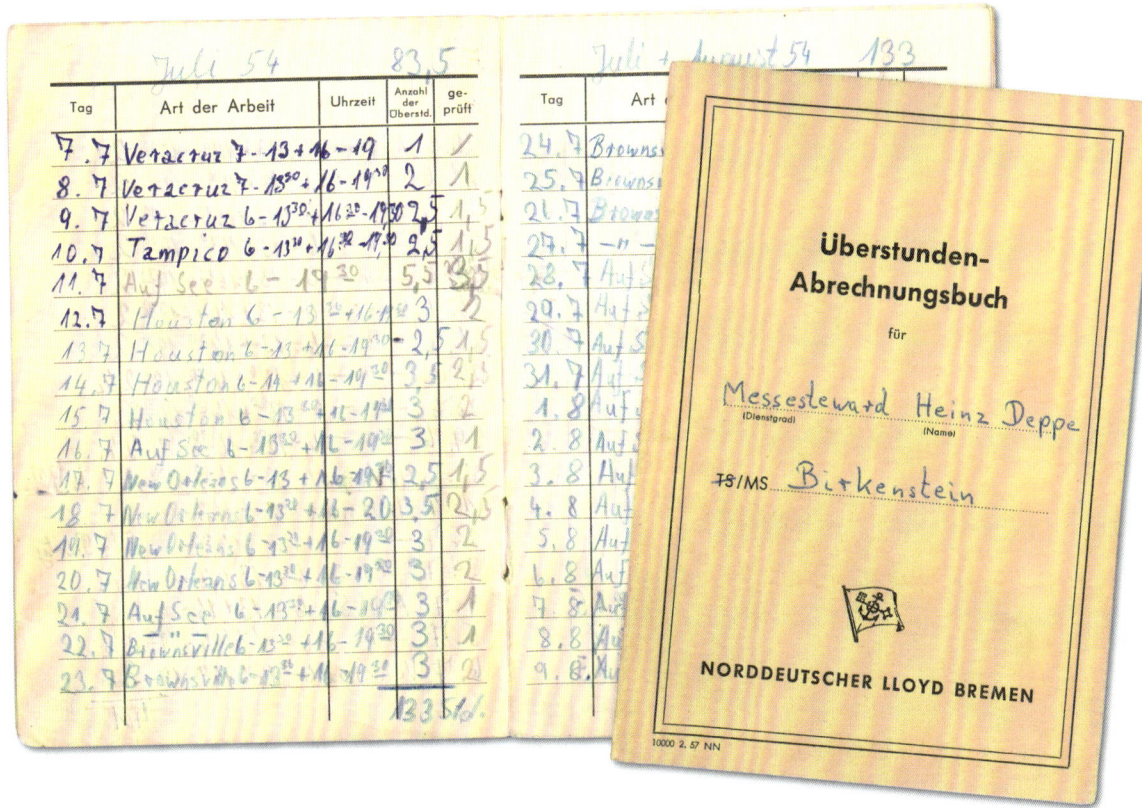

Auf seiner ersten Reise 1954 verdiente Heinz Deppe mit 14 Jahren als Messejunge 55 Pfennig pro Stunde. Die Reise nach Kuba und Mexiko dauerte zweieinhalb Monate. Da jeden Tag gearbeitet wurde, standen bei seiner Rückkehr etwa 750 Stunden, also etwa 375 DM auf der Heuerabrechnung – genug Geld, um den Freunden, die damals noch die neunte Klasse der Schule besuchten, mit großer Geste einen ausgeben zu können

hatten. Unternehmungslustig waren sie, weil die Seefahrt im Grunde ein recht tristes Geschäft mit einer reinen Männergesellschaft ist. Weil man an Bord kaum Geld ausgeben kann, ließen viele Seeleute ihre damals noch relativ hohe Heuer zum guten Teil in den Häfen.

Eine Prostituierte, die seit 1960 an der »Küste« arbeitet: Das war nun eben mal die »Küste«. »Elefant« war in der ganzen Welt bekannt. Vor allem das »Golden City«. Die ganzen Seeleute kannten das »Golden City« in Bremen.

Bernie Becker: Es waren Finnen, Norweger, Dänen, Schweden, Amerikaner, Kanadier, mit den Getreideschiffen bei der GVA. Und alle hatten Druck. Da hatten sie Druck *(zeigt auf seinen Kopf)* und hier hatten sie Druck *(zeigt auf seinen Schoß)*. Bei den Amerikanern war es zum Beispiel verboten, die durften keine Frauen mit an Bord nehmen und keinen Alkohol an Bord. Und wenn die Finnen und die Norweger da waren, wenn die jetzt ein halbes Jahr oder drei, vier Monate gefahren haben und die ham ausgemustert, dann kriegten sie die ganzen Überstunden. Die Taschen waren voller Geld, die quillten raus. Und die haben sich immer besoffen wie die Mexikaner – die lagen so vor der Musikbox und

haben weitergesoffen. Welche, die waren ja drei, vier Tage da, bis die wieder aufs Schiff mussten, die haben den letzten Pfennig, sogar ihre Uhren ham se versoffen.

Die Getreideverkehrsanlage (GVA)

wurde 1915–19 am Wendebecken des Überseehafens errichtet und war damals die modernste und größte dieser Anlagen in Europa. Durch große Saugapparate, auf Förderbändern und in Silos wurde hier Getreide befördert und gelagert und von Schiffen auf Bahnwaggons und Lastwagen geladen. Heute ist die GVA zu einem kleinen Teil noch in Betrieb. Der 200 Meter lange und 46 Meter hohe »Koloss von Gröpelingen« steht als Industriebau unter Denkmalschutz und kann per Führung besichtigt werden.

Ein Seemann, der 1965 als Messe-Steward anfing: Man konnte ja auch nichts ausgeben die ganze Zeit. Man hat seine Kantinensachen gekauft an Bord, mal 'ne Kiste Bier, mal 'ne Pulle Schnaps. Das konnte man von dem Geld, was man verdiente, ja leicht bezahlen. Das war ja

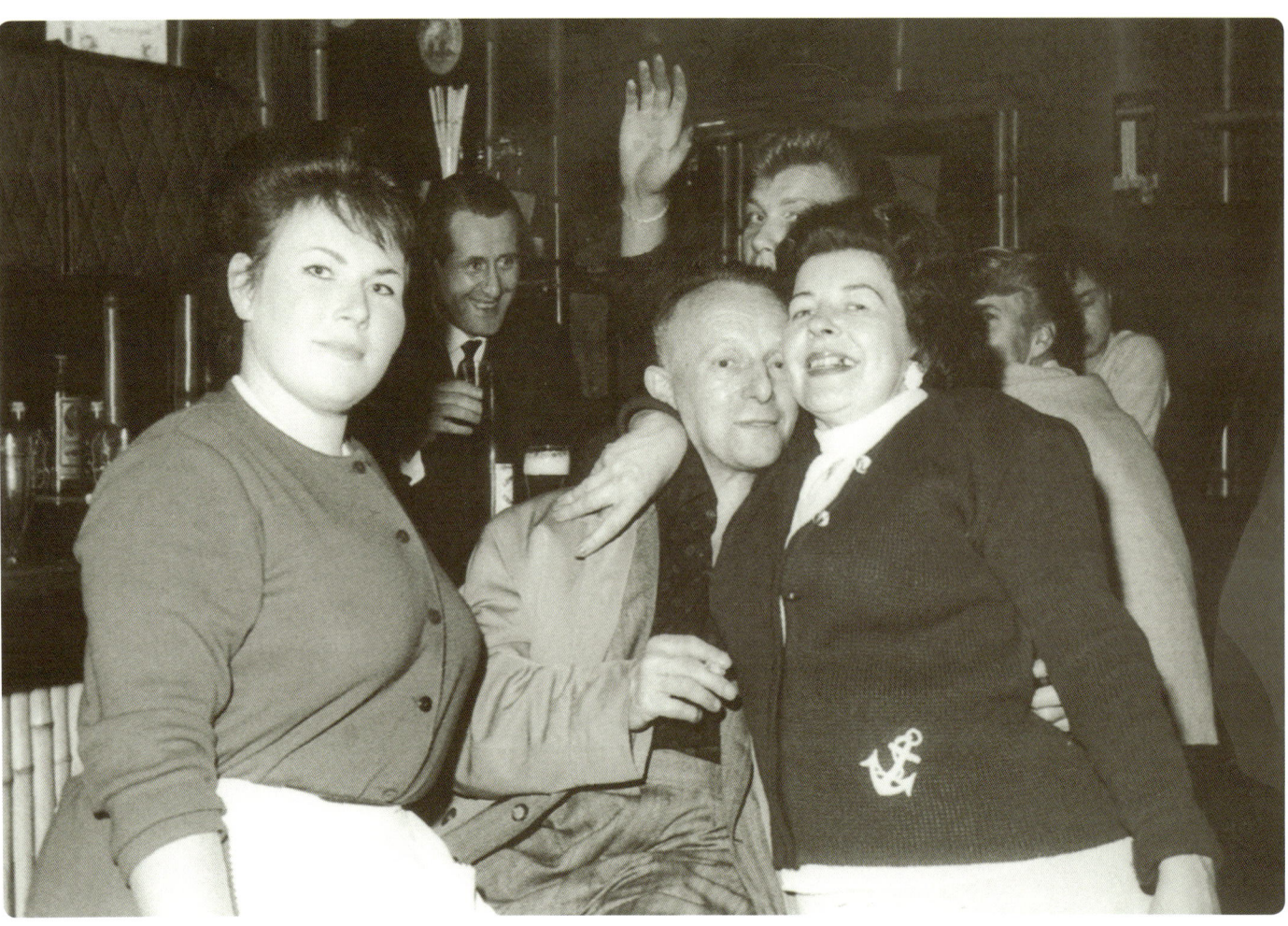

Stimmung in der
»Bambus-Bar«

alles zollfrei. 'ne Pulle Schnaps kostete damals, ich glaub 3,30 Mark, 'ne Stange Zigaretten 5 Mark, und früher war's so, dass man ja zwei drei Jahre durchgefahren hat. Ohne Urlaub. Und dann sammelte sich das ja an.

> ### Die Walfänger
>
> brachten unter anderem den Lebertran: Täglich ein Esslöffel voll von dem grausig schmeckenden Öl wurde den Wirtschaftswunderkindern von ihren Eltern als Mittel gegen Vitaminmangel und Rachitis eingeflößt. Diese meinten es nur gut: Schließlich hatten sie in den Kriegs- und Nachkriegshungerzeiten ständig unter dem Mangel an lebenswichtigen Nahrungsbestandteilen gelitten. Das sollte den Sprösslingen nicht passieren!

Bernie Becker: Und wenn dann ab und zu mal nach Brake, da kamen die Walfänger mit Öl – und die hatten ja keine Ahnung, die Japaner, von D-Mark, die wussten gar nichts, die gaben dir das so alles hin. Ja, und da konnte sich jeder selbst bedienen.

Regine Griffiths arbeitete nach dem Abitur 1967/68 als Tresenkraft in der »SOS-Bar«, weil sie das »richtige« Leben kennen lernen wollte: Die Seeleute waren monatelang auf den Schiffen, und wenn die dann endlich zuhause waren, die hatten manchmal dann leichtsinnigerweise hunderte von Mark in ihren Taschen. Und wenn die dann nicht mehr ganz nüchtern waren, dann kam es auch vor, dass die was verloren haben, dass die nachher gar nicht mehr wussten, wo das Geld geblieben war. Ich kann mich erinnern, dass ich manch einem, den ich gut kannte, das Geld rausgenommen hab und hab am anderen Abend zu ihm gesagt: »Du hast ja noch so und so viel Geld, das hast du gar nicht gemerkt.«

Rolf Braack tauschte in den 50er Jahren für die Bremer Bank Devisen im Hafen: Ich bin ein pensionierter Banker und ich habe mit Geldgeschäften im Hafen zu tun gehabt – insofern, als die Schiffe, die von Nordamerika, Ostküste und Südamerika nach Bremen kamen, alle Passagiere mitnahmen. Und wenn die Passagiere in Bremen ankamen, dann brauchten sie deutsche Währung. Und dann bin ich mit einem Kollegen in den Hafen auf die Schiffe gefahren und habe Devisen getauscht. Wir waren mit zwei Mann, einer Aktentasche, und da hatten wir so 30.000 D-Mark drin, und da fuhren wir so mit der Straßenbahn zum Hafen. Wir hatten keine Bedenken wegen Überfall und dergleichen, das war damals eine Zeit der Solidarität.

Hartmut Schwerdtfeger: Für die Seeleute waren die 50er, 60er und auch noch die 70er Jahre geradezu eine paradiesische Zeit. Die großen Seehäfen lagen praktisch im Zentrum der Städte. Wenn man eine Woche Aufenthalt in einem Hafen hatte, konnte man schon eine Menge auf die Beine stellen.

Bernie Becker: Und da waren immer Kranke an Bord und die wollten ja gerne krank sein, weil das Schiff immer ein, zwei Tage hier in Bremen gelegen hat. Und dann ham wir denen nachher mal son Tipp gegeben: Haut euch doch da in Vegesack 'nen Hammer auf den Finger oder mit dem Messer schneiden. Und das ham die dann auch gemacht. Und wir mussten die ja holen, und Käptn Laken, so hieß der von Laeisz-Line, hat dann gesagt: Sofort zum Diako hin, reparieren lassen und wieder an Bord, nicht anhalten, bei keine Kneipe. Die erste Ampel, die rot war, sind die schon in die Kneipe gelaufen.

Die Seeleute verdienten nicht nur durch Heuer und Überstunden, sondern machten überall auf der Welt Geschäfte. Heinz Deppe erzählt, dass es sich sofort herumsprach, wenn ein deutsches Schiff in Veracruz lag. Dann verkauften die Seeleute an ihre mexikanischen Kollegen eigene oder Schiffsbestände an 4711, Weinbrand (z. B. Dujardin Weinbrand-Verschnitt Extra, von dem das Einbandpapier für Heinz Deppes Überstundenbuch stammt) und Beck's Bier. Deppe: »Die Seeleute hatten dann in jeder Hosentasche Pesoscheine – eine Tasche nur Zehner, eine Fünfziger und so weiter – und konnten sie dann einzeln herausziehen, wenn sie die Gangway herunter an den Zollleuten vorbeigingen, und jedem ganz beiläufig etwas zustecken.

Nächste Seite: »Stinkbüdelmannsgang« wurde der Tunnel zwischen dem Stadtteil Walle und dem Hafen auch genannt. Links die Gaststätte »Mutti Weiss«

Kranke an Bord

Auch in den Häfen durften die Seeleute verschiedener Reedereien (besonders amerikanische Schiffe) keine Frauen mit an Bord nehmen. Waren sie krankgeschrieben oder hatten Urlaub, konnten sie an Land eine Möglichkeit suchen, die Nacht in Begleitung zu verbringen.

Die Reederei F. Laeisz

entstand 1824 in Hamburg zuerst als Handelshaus für Import und Export. Bald wandte sich F. Laeisz der Schifffahrt zu und gründete zusammen mit anderen Hamburger Firmen die »Hamburg-Amerikanische Packetfahrt Aktien-Gesellschaft (HAPAG)«, die sich Anfang des 20. Jahrhunderts zur größten Reederei der Welt entwickelte. Auch an der Gründung der Deutschen Gesellschaft zur Rettung Schiffbrüchiger (DGzRS) war er beteiligt. Ab den 1930er Jahren wurde die Bananenfahrt mit Kühlschiffen zu einer Hauptaktivität der Reederei. Heute hat diese eine Flotte von Containerschiffen, Bulkcarriern, Reefern und Fährschiffen. Auch das Forschungsschiff »Polarstern« des Alfred-Wegener-Istituts in Bremerhaven stammt aus der Flotte der F. Laeisz. Einer der alten Segler, die »Padua«, der 1945 an Russland abgeliefert werden musste, erscheint als »Kruzenstern« noch jährlich zu Festen und Paraden auf der Weser.

1951 übernahm Ringkampf-Europameister Bruno Mosig das Speiselokal an der Ecke Nordstraße / Waller Stieg und versorgte die »Küsten«-Gänger mit schlesischem Eisbein. Links das »Golden City«, rechts der Weg zum Tunnel und ganz hinten »Mutti Weiss«. Das Foto stammt aus dem Jahr 1969

Am Ende des Tunnels …

Seemann: Und hier im Überseehafen, wenn die mit den Schiffen kamen, da mussten wir ja durch »Stinkbüdelmannsgang«, so nannte sich der Tunnel, und da wurden schon die ersten Kontakte geknüpft – da ging schon die erste Kohle flöten.

Hans-Horst Forster war 43 Jahre bei der A.G. »Weser« beschäftigt und leitete später den Bürgerverein für die westliche Vorstadt: Und die »Mutti Weiss« war da, gleich am Ende des Tunnels, und das war ja unmittelbar eben der Zugang zum Überseehafen. Und es war ja immer Lauf – und so Gewisse aus der Hafenwirtschaft, so gewisse Leute hatten auch ihre bestimmten Lokale, wo sie einkehrten. Also, die gingen nicht in jedes Lokal. Ja, ich weiß, bei »Mutti Weiss« war das so, dass vorwiegend dort Lotsen, Kapitäne und solche Leute reingingen.

… warteten über dreißig Lokale

Bernie Becker: Die Mutter von Hermann Weiss – und die alle, die durch den Gang kamen, hat sie Moneys »gechincht«, immer »Golddollar, Dollar, Dollar«, für Geld, immer … immer chinch – »brauchst nicht nache Bank – machen wir und so«.

Seemann: Da war ja auch damals von Bruno Mosig der Laden – das war ein Esslokal – Eisbein. Der hatte ja immer diese Werbung, die kennen Sie bestimmt: »Eisbein rund und rosig gibt's nur bei Bruno Mosig.«

MOSIG'S GASTSTÄTTE
BREMEN
Nordstr. 360 · Ecke Waller Ring
Telefon 85332
Straßenbahnverbindung Linie 3 (Freihafen)
Küche und Keller bieten das Beste
HAAKE-BECK BIERE

Europameister BRUNO MOSIG

Der Wirt Bruno Mosig

Bruno Mosig (1906–1984) stammte aus einer Gastwirtsfamilie im schlesischen Breslau (heute Wroczlaw). Der gelernte Hufschmied wurde fünf Mal südostdeutscher Amateurmeister im Ringen, bevor er 1932 in die Riege der Berufsringer aufstieg. In diesem Jahr war er sogar für die Olympischen Spiele in Los Angeles nominiert, konnte dann aber wegen eines Schlüsselbeinbruchs nicht teilnehmen. In den 30er Jahren brachte er es aber noch zu einem Vizeweltmeister- und mehreren Europameister- und Deutscher-Meister-Titeln im griechisch-römischen Stil. Auch nach dem Zweiten Weltkrieg ging seine Ringerkarriere weiter. Er wurde U.S. Zonenmeister 1947 und nahm bis zum Ende seiner Ringerkarriere an verschiedenen Turnieren teil, unter anderem auch in der hölzernen Sporthalle auf der Bremer Bürgerweide. Als die Brauerei Haake Beck im Jahr 1951 einen neuen Betreiber für die ehemalige Gaststätte »Günzel« an der Ecke Nordstraße / Waller Stieg suchte, versuchte sie, für dieses Lokal den berühmten Ringer und Gastwirtssohn aus Schlesien zu gewinnen, der zu dieser Zeit mit seiner Familie in München wohnte. Bruno Mosig kam das Angebot gerade recht. Als Ringer war ihm das Halbweltmilieu nicht fremd, und so siedelte er nach Bremen um und eröffnete ohne Berührungsängste das Speiselokal »Bruno Mosig« an der »Küste«. Die Spezialität des Hauses war das Eisbein, nach schlesischem Rezept wurden im Keller des Hauses bald einhundert ganze Eisbeine pro Woche in zwei großen Kesseln ein- und umgelegt. Die Kellner bedienten bis zu 50 Gäste in der Gaststätte und belieferten auch die umliegenden Lokale. Selbst Kapitäne vor New York gaben sich den Tipp: »Wenn du in Bremen bist, iss Eisbein bei Bruno Mosig.« Das Lokal brummte, der Bierumsatz soll laut Aussage von Mosigs Sohn Norbert bis zu 65 Hektoliter im Monat betragen haben. Damit die Belegschaft sich auch zwischendurch kurze Ruheminuten verschaffen konnte, hatte der Musikaufsteller Lütje dem Gastwirt eine Single mit drei Minuten Stille in die Musikbox eingebaut.

Bruno Mosig war an der »Küste« sehr beliebt: Durch seine massige Ringer-Ausstrahlung verhinderte er manche Prügelei – sogar den Finnen, die nach Aussage von Norbert Mosig dafür bekannt waren, immer einen Dolch dabeizuhaben, flößte er Respekt ein. Prostituierte mit ihren Freiern waren gern gesehen, solange sie sich anständig verhielten. Bruno Mosig soll ihnen auch die begehrten Nylonstrümpfe und Präservative besorgt haben. Bei seinen Ringkämpfen saßen die »Damen vom Ballett« in der ersten Reihe, die Wirtin des »Elefant«, Else Körner, soll ein großer Ringkampffan gewesen sein. Die Polizei war froh, mit Bruno Mosig eine Autoritätsperson an der »Küste« zu haben und kehrte zum Schichtwechsel morgens um sechs Uhr gern zu Kaffee, Weinbrand und Zigaretten ein. Und wenn von der A.G. »Weser« eine Gruppe dreckiger Kesselreiniger per Kleinbus angekarrt wurde, wurde kurzerhand eine Ecke des Lokals komplett mit Zeitung ausgelegt, sodass auch diese Gäste satt und zufrieden wurden. Gastwirtssohn Norbert Mosig empfand seine Kindheit an der »Küste« als völlig normal. Schon früh wurde er mit Essenslieferungen geschickt. Er erinnert sich an eine schöne Geschichte, in der er als Junge schon ein gutes Geschäft tätigte: Am 3. April bekam Bruno Mosig zum Geburtstag einen großen Strauß weiße Chrysanthemen, die auf dem Tresen der Gastwirtschaft standen. Eine Prostituierte kam mit ihrem Osnabrücker Stammfreier herein. Dieser wollte seiner Angebeteten ein schönes Geschenk machen und den Strauß erstehen, »egal, was er kostet«. Da der Vater nicht zugegen war, nahm Norbert die Sache in die Hand und verkaufte – in der Annahme, sein Vater würde gegen solch ein Geschäft nichts einzuwenden haben – den gesamten Strauß mindestens zu einem Dreifachen des ursprünglichen Preises. So weit waren alle glücklich. Als Norbert Mosig jedoch am Abend aus seinem Zimmerfenster schaute, glaubte er zuerst, es hätte hinten am Zaun geschneit. Bei genauerem Hinsehen sah er, dass die Chrysanthemen am Zaun langgeschleift worden waren und ihre gesamten Blüten verloren hatten. Die Prostituierte hatte ihren Freier wohl am Ende doch sitzen gelassen…

Bruno Mosig gab sein Lokal 1969 an einen seiner Kellner ab, der es noch drei Jahre weiterführte. Norbert Mosig setzte die Gastwirttradition seines Vaters später fort und betrieb unter anderem die »Meierei« im Bürgerpark. Auch sein Sohn Christian ist heute Gastronom in der Umgebung von Bremen.

Bremer Schiffsbewegungen

DG "NEPTUN": "Ajax" Norwegen; "Apollo" Shoreham; "Ariadne" Bremen; "Bellona" 9. 7. Leixoes; "Delia" 10. Hambg.; "Diamant" 8. Finist. p. n. Lissabon; "Fauna" 9. Lissabon; "Flora" Norwegen; "Fortuna" Bremen; "Hector" Antwerpen/Barcelona; "Helios" 9. Hambg.; "Hercules" 8. Valencia; "Jason" 9. Singapur; "Najade" 10. Bremen/Rotterdam; "Neptun" 17. Pointe Noire; "Nereus" 10. Hambg.; "Nestor" Hambg.; "Perseus" 8. Sevilla/Seixal; "Pluto" 9. R'dam; "Pollux" Pusan; "Priamus" Lagos; "Proteus" Antwerpen/Vigo; "Pylades" Gijon/Pasajes; "Sloman Algier" 5. Hambg.; "Oberhausen" Leixoes; "Carl Jacob" Lissabon; "Palermo" 9. Dover.
ARGO REEDEREI: "Alamak" 9. 7. Hamina/A'dam; "Albatros" 12. Bremen; "Algenib" Bremen/Oulu; "Alhena" 11. Delfzijl; "Alkes" 9. Bremen; "Altair" 9. Mäntyluoto/Rauma; "Antares" 10. Hambg.; "Arcturus" 9. Hull; "Arneb" 10. Hambg.; "Auriga" 9. Hamina; "Bussard" 9. Grangemouth/Crombie; "Greif" 10. Bremen; "Meise" 9. Rhein; "Specht" 9. Rhein; "Sperber" 9. Hambg.; "Ajfos" 9. London; "Kondor" 9. Le Havre.
ARGO NAH-OST LINIE: "Albireo" 7. 7. Piräus; "Alcor" 7. Antw.; "Alcyone" 7. Tunis/Tripoli NA; "Alioth" 8. Hambg.; "Alphard" 7. Istanbul/R'dam; "Apus" 5. östl. Mittelmeer/R'dam; "Aquila" 6. Karachi; "Christiane Bolten" 6. Izmit/Piräus.
DDG "HANSA": "Argenfels" 8. 7. Ouessant pass.; "Axenfels" 7. Doha; "Ehrenfels" 8. ab Cochin; "Freienfels" 8. ab Antw.; "Neuenfels" 8. ab Genua; "Wildenfels" 9. ab R'dam; "Brunneck" 8. ab Hull; "Rolandseck" 9. Cuxhaven; "Soneck" 9. Bilbao; "Kaap Bol" 9. Hamburg.
NORDD. LLOYD: "Bremen" 8. 7. Southampton/Bremerhaven; "Europa" 8. Bremerhaven/Edinburgh; "Badenstein" 27. 6. Genua/Port Swettenham; "Bartenstein" 7. 7. Seattle/Goldriver; "Bayernstein" 30. 6. Panamakanal/Jokohama; "Bärenstein" 8. 7. Salaverri/Callao; "Bieberstein" 8. Bremen/Hambg.; "Birkenstein" 7. Los Angeles/San Francisco; "Bischofstein" 8. Beaumont/New Orleans; "Blankenstein" 1. Los Angeles/Panamakanal; "Bodenstein" 7. Portland Alameda; "Brandenstein" 28. 6. Cristobal/Antw.; "Breitenstein" 9. 7. Antw./Le Havre; "Buchenstein" 8. Hamburg/Montreal; "Burgenstein" 4. Chicago/Milwaukee; "Buntenstein" 3. Port Alfred/R'dam; "Emsstein" 9. London/Montreal; "Friesenstein" 23. 6. Panamakanal/Jokohama; "Havelstein" 27. Durban/Genua; "Hessenstein" 6. 7. Br'haven/Antw.; "Holstenstein" 5. Antw./R'dam; "Illstein" 8. Callao/Chancay; "Innstein" 7. Rotterdam; "Lahnstein" 5. Hambg.; "Lechstein" 7. Valparaiso/San Antonio; "Lindenstein" 9. La Palma/São Luiz; "Lobivia" 6. Panamakanal/Bremen; "Moselstein" 9. Le Havre/Antw.; "Mosel Express" 9. Br'haven/Hambg.; "Nabstein" 9. 7. Coatzacoalcos/Tampico; "Neckarstein" 29. 6. Durban/Hamburg; "Ravenstein" 3. 7. Brisbane; "Regenstein" 3. Lake Charles/Antw.; "Reifenstein" 24. 6. Antw./Kapstadt; "Rheinstein" 7. 7. R'dam/Bremen; "Riederstein" 5. Hamburg; "Rothenstein" 7. New York/Recife; "Saarstein" 9. Hambg./Bremen; "Sachsenstein" 7. R'dam/Penang; "Schwabenstein" 28. 6. Hongkong/Kapstadt; "Siegstein" 8. 7. A'dam/Antw.; "Spreestein" 7. Bremen/Esbjerg; "Tannstein" 3. Auckland; "Torstein" 2. Sydney/Kaohsiung; "Travestein" 8. Huarmey/Paita; "Werrastein" 26. 6. Kobe/Panamakanal; "Weser Express" 4. 7. New York/Felixstowe; "Wiedstein" 6. Cristobal/Corinto.
URAG: "Eschersheim" Tampa; "Bornheim" 19. 7. Puerto Ordaz; "Ruth Lake" 10. Seven Islands; "Praunheim" 12. Sorel; "Berksheim" 20. Quebec; "Ginnheim" 26. Tampa; "Schwanheim" 16. Rotterdam; "Eckenheim" 9. Herrenwyk; "Langelsheim" 11. R'dam; "Gonzenheim" 13. Herrenwyk; "Heddernheim" 10. Antw.; "Bremen" Pto. Amelia; "Rotesand" Tobruk.

Anhand der »Bremer Schiffsbewegungen«, die – wie auf diesem undatierten Ausschnitt – fast täglich im »Weser-Kurier« abgedruckt wurden, ließ sich die abendliche Zusammensetzung der internationalen Gästeschar an der »Küste« voraussehen

Hannelore Dopmann fing 1965 als Barfrau in der »Bambus-Bar« an und führt heute das »Happy Night« an gleicher Stelle: Im »Weser-Kurier« stand immer drin: »Ankommende Schiffe«. Da wusste man genau, welche Schiffe dann abends im Laden dann auch verkehrten. Und dann war richtig was los, und die standen in Fünferreihen am Tresen.

Renate Uhlhorn: Die beste Zeit war morgens zwischen vier und fünf. **Hermann Uhlhorn:** Brechend voll!

Hannelore Dopmann: Die »Bambus-Bar« war ja der einzigste Laden, der bis morgens um fünf Uhr aufhatte. Alle anderen Lokale haben um vier Uhr geschlossen.

Hans-Günther Prigge war von 1948 bis 1951 Taxifahrer an der »Küste« und begann seinen Polizeiberuf 1954 in der Polizeiwache 17: Einen der hauptsächlichen Schwerpunkte bildet seit den 50er Jahren mit Sicherheit das Vergnügungsviertel am Waller Ring. War die Ecke Nordstraße / Waller Ring vor der Entwicklung zum Vergnügungsviertel ein Treffpunkt der Schwarzhändler und leichten Mädchen, die hier ihren vielfältigen Geschäften nachgingen, erwuchs wenigstens mit der Eröffnung einer Bar – das ist zweifellos »Elefant« – langsam, aber sicher das »Klein-St. Pauli«. Wer kennt sie nicht, die Bars, die Gaststätten und Tanzlokale, die in der Nachkriegszeit aus dem Boden gestampft wurden. Namen wie »Arizona-Bar«, »Nordlicht«, »Sankt Pauli«, »Bruno Mosig«, »Störtebecker«, »Alte Liebe«, »Blaue Maus«, »Lili Marlen«, »Viermaster«, »Mutti Weiss«, »Hummelkoje« und natürlich die Königin der Nachtlokale: das »Golden City«.

Hinter dem Tresen der »Bambus-Bar« – in der Mitte Hermann Uhlhorn, rechts daneben Hannelore Dopmann

Die offizielle Polizeistundenverlängerung erlaubte den Bars Öffnungszeiten bis morgens um vier Uhr, der »Bambus-Bar« bis fünf Uhr. Doch viele der Lokale hatten im Grunde rund um die Uhr geöffnet. Wenn Gäste im Lokal waren, wurde einfach die Tür abgeschlossen und weitergefeiert. Wer noch dazukommen wollte, klopfte. Bei »Bruno Mosig« soll grundsätzlich nur morgens zwischen acht und zehn Uhr zwei Stunden zum Saubermachen geschlossen worden sein – und wenn dann noch Gäste da waren, wurde eben um diese herum geputzt

Das »Golden City«

Bernie Becker: Und jetzt erzähl ich Ihnen mal ganz kurz, wie »Golden City« aufgemacht hat. »Golden City« hatte früher eine Autowerkstatt da, ganz klein – und dann kamen die Amis und die ham immer Beck's Bier gesoffen. Bei denen war Beck's Bier ganz teuer. Zu der Zeit wurde der Dollar noch mit 4,50 DM eingetauscht und da kriegstest du 'ne ganze Kiste Beck's für. Und da hat Heinz Hermann Gerdes, ja, und sein Opa, die ham zwei alte Regenfässer hingestellt, ham dann ein paar Platten draufgelegt, bisschen Dachpappe drangemacht und ham se angefangen, Beck's Bier zu verkaufen. Und dann hat der gemerkt, auf einmal, dass gesoffen wurde, der Gerdes, und da hat er seine Autoreparaturwerkstatt geschlossen, der hat da ja immer angebaut – schwarz – immer vergrößert, vergrößert und – bums – war »Golden City« da.

Prostituierte: Ja, da war was los. Oh. Wie oft sind die Gäste durch die Schwingtür rausgeflogen. Oh, oh, oh … Die Kellner, das waren solche Kaventsmänner. Drei Stück hatten wir davon.

Bereit für einen Großkampftag im »Golden City«

Norbert Mosig berichtete, dass im »Golden City« »Großkampftag« war, wenn die schwedischen, norwegischen und finnischen Schiffe ankamen. Diese Landsmänner konnten »saufen auf Deibel komm raus« (Heinz Deppe) und nicht selten endeten die Gelage in wüsten Schlägereien. Ino Wäsch, ein ehemaliger Seemann, der in den 60er Jahren an der »Küste« Taxi gefahren ist, bekam im »Golden City« mit, wie Norweger einem Kriegsversehrten die Krücken wegtraten, sodass er lang hinfiel. Dann höhnten sie, er habe als Nazi selbst schuld an seiner Kriegsverletzung. »Dann sind wir eingestiegen und haben das ganze Lokal zu Bruch gehauen«, erzählt Ino Wäsch, der für diese Aktion lebenslängliches Lokalverbot bekam

Der Geschäftsmann Heinz Hermann Gerdes

Die Familie Gerdes hatte das Glück, nach dem Krieg bereits über zwei Grundstücke ganz in der Nähe des Tunnels am Hafenausgang zu verfügen: An der Nordstraße 367 befand sich das Transportunternehmen des Heinz Hermann Gerdes unter dem Namen seiner Ehefrau Gerda und gegenüber an der Nordstraße / Ecke Wißmannstraße hatte sein Vater Heinrich Gerdes eine Reifenwerkstatt mit Wagenhalle und Abstellplätzen für Lkw, aus der wie oben beschrieben bereits vor der Währungsreform das »Golden City« hervorging. Dieses Lokal muss eine ungeheure Goldgrube gewesen sein. Laut Aussage von Michael Gerdes hatte das »Golden City« in einem Jahr den größten Beck's-Umsatz in Deutschland. Bauernschläue bewies Heinz Hermann Gerdes durch die Aushandlung verschiedenster Kopplungsgeschäfte: Die Brauerei Beck's nahm er z. B. im »Golden City« erst als Bierlieferanten, als er im Gegenzug mit seinen Lkw zum Transporteur der Firma wurde. Im Laufe der Zeit erweiterte er Anzahl und Art seiner Betriebsstätten um verschiedene Lokale vom Weserbahnhof bis zum Industriehafen (u. a. die »Bambus-Bar«, die »Lloydhalle«, das »KapHoorn«, kurz auch das »Hafen-Casino«). Außerdem gründete er einen Mietwagenbetrieb mit eigener Flotte vor Ort. Später wollte er auch Hotels bauen – dies wurde jedoch nicht genehmigt. Als er bemerkte, welch großen Anteil des Gewinns der Aufsteller der Musikbox im »Golden City« einsammelte und wie wenig ihm selbst davon blieb, soll er sich so geärgert haben, dass er sofort im Anschluss einen Automatenaufstellbetrieb gründete, den es heute noch gibt.

Wie er zu seinem Spitznamen »Nutten-Gerdes« kam, ist nicht mehr zu ermitteln.

Ein norwegischer Seemann berichtet vom »Golden City«

Der Ruf des »Golden City« inspirierte auch den norwegischen Bestsellerautor Jon Michelet zu einer Geschichte. Ob er sie bei einem Besuch dieses Etablissements auf einer seiner Reisen als junger Seemann selbst so oder ähnlich erlebt hat, ist nicht bekannt. Jedenfalls zeigt diese Geschichte, dass nicht alle Seeleute mit den überbordenden Ausschweifungen an der »Küste« etwas anfangen konnten …

Golden City – von Jon Michelet
Übersetzung Gabriele Haefs

Ein Jüngling, Fred Iver Kjenner, hatte im Juli 1962 als Decksjunge auf seinem ersten Schiff angemustert, in der Hafenstadt Gävle im Norden Schwedens. Das Schiff fuhr gen Süden, durch die Ostsee, durch den Nord-Ostsee-Kanal und die Weser hoch nach Bremen. In Bremen lag damals die Waller Küste, wie die Hurenstraße hieß. Die Waller Küste war etwas für Hartgesottene, besucht von US-Soldaten und Seeleuten aus aller Welt, durchaus ähnlich der berühmteren und berüchtigteren Reeperbahn in Hamburg, die der junge Seemann Fred Iver kurz darauf kennen lernen sollte. Dort, auf der Reeperbahn, erfuhr er, wie er sich zu verhalten hatte, wenn er von den Prostituierten oder deren Zuhältern behelligt wurde, nämlich schroff und abweisend.

In Bremen, mit eben achtzehn Jahren, wurde er von der Begegnung mit der nordeuropäischen Hafenprostitution einfach überrumpelt. Eine Clique vom Schiff wollte in den »erstbesten Laden« auf dem Kiez, um ein Bier zu trinken, nur ein kleines Bier. Und danach waren sie im »Golden City« geendet. Warum war er mit den anderen dorthin gegangen? Man heult mit den Wölfen. Man will nicht auffallen und anders sein. Man wird von Neugier getrieben.

Im »Golden City« lungerten mehrere Frauen herum, bei denen es sich offensichtlich um Prostituierte handelte. Einige waren so grell geschminkt, dass sie aussahen wie Clowns in einem Zirkus. Sie machten ihm Angst, so, wie Clowns im Zirkus ihm als kleiner Junge Angst gemacht hatten. Er erstarrte, aber nicht vor Erre-

Linke Seite: »Nicht jeden Seemann verlangte es an Land sofort nach Frauen und Schnaps...«, so Walter Peitsmeyer, hier zu sehen als Matrose auf der MS Ehrenfels im Persischen Golf.

Verführerisch oder beängstigend? Herausgeputzte Damen mit greller Schminke und Perücken...

gung, sondern vor Schreck. Er sagte zu einem der Jungs, einem spanischen Matrosen, der Santos hieß und gutes Norwegisch sprach, dass er dort wegwollte. Der Matrose lachte über den Decksjungen. Die anderen am Tisch lachten auch, und sie fragten, ob er feige sei, ein Weichei, ein Muttersöhnchen.

»Bist du etwa Jungfrau?«, fragte einer. Fred Iver blieb sitzen. Er trank ein Bier, um den Schrecken zu betäuben, und dann noch eins.

Eine Frau, klein, mager und dunkel und geschminkt mit rosa Puder und dunkellila Lippenstift –, sie sah aus wie eine Höllenvision von seiner eigenen Mutter – zog ihren Lederrock hoch, setzte sich auf seinen Schoß und bat ihn, Sekt für sie zu bestellen. Sie war so tief dekolletiert, dass der größte Teil ihrer Brüste zu sehen war. Es waren kleine Brüste, die Adern schimmerten durch die blasse Haut, und sie hatte sich einen Schmetterling auf die eine Brust tätowieren lassen.

»Ich habe kein Geld«, sagte Fred Iver auf Deutsch. Dann hatte er Angst, die anderen Jungs könnten merken, dass er ein wenig Schuldeutsch konnte. Dass er Abitur hatte, hatte er auf dem Kahn verschwiegen. Das sollte nicht herauskommen. Aber er musste sie loswerden, und er sagte: »Leider, ich habe kein Geld. Entschuldigen Sie, bitte, ich will nichts.«

Er versuchte, sie wegzuschieben, und er gab ihr eine Zigarette und auch Feuer, höflich.

...und »ungezwungen« im Morgenmantel

51

Dann musste er zur Toilette. Als er dort wieder herausgetorkelt kam, war sie da, und sie fackelte nicht lange. Sie presste ihn an die Wand, bugsierte ihn zwischen zwei Sofas mit hohen Rückenlehnen, packte seinen Schwanz und knetete daran herum, während sie ihren Unterleib an seinem rieb.

Er versuchte, sich zu widersetzen, er versuchte es wirklich. Aber sie hatte ihn im Griff, sie war Profi. Ehe er sich's versah, kam es ihm auch schon. Sie lachte, verließ die Nische zwischen den Sofas und rief dem Mann hinter dem Tresen zu, sie wolle jetzt Sekt.

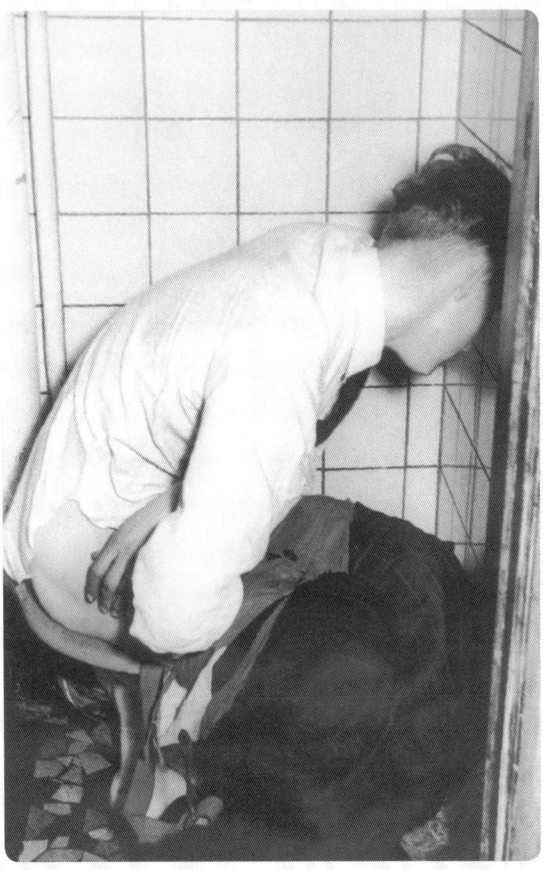

Nicht selten endete die Party hier – auf der Toilette des »Golden City«

Er hatte es mit einer Nutte gemacht. Er schämte sich in Grund und Boden. Er musste für den Pseudo-Sekt, der sicher nur Limo war, teures Geld hinlegen. Das meiste von dem Geld, das er sich in Bremen hatte auszahlen lassen, ein kleines Bündel aus Irren, wie die Seeleute fremde Währungen nannten – schon war es verschwunden, war in die Tasche des Lederrocks gestopft worden.

Rechte Seite: »Wer den Schaden hat…«

Arbeitspause an Deck im Hafen

Einer der älteren Männer, ein Bootsmann, gab ihm ein Glas Schnaps, das er auf einen Zug leerte. Der Bootsmann, der den Schnaps spendiert hatte, klopfte dem jungen Seemann auf den Rücken und gratulierte zum Einstand. Fred Iver hätte dem Bootsmann gern eine gescheuert, aber jetzt auch noch eine Schlägerei war das Letzte, was er sich wünschte. Außerdem war der Bootsmann ein muskulöser, vom Leben gegerbter Kerl, der sich über nichts mehr wunderte.

Fred Iver ging zurück zur Toilette und versuchte, sich das Sperma abzuwaschen. Und da war sie wieder, auf der Herrentoilette. Was ihn rettete, war, dass er kotzen musste. Er kotzte literweise Bier und war durchaus kein verlockender Freier mehr.

Dann torkelte er aus dem Puff. Er war noch betrunkener, als er geglaubt hatte. Seine Beine gingen kreuz und quer, seine Blicke ebenso.

Er geriet auf ein Eisenbahngrundstück, einen Rangierbahnhof, der zwischen Kiez und Hafen gelegen war. Zwischen den Zügen verließ ihn sein Orientierungssinn. Er rannte voller Panik zwischen den Waggons herum und glaubte, jeden Moment von einer Lokomotive überfahren werden zu können. Er kroch unter einen Waggon und schürfte sich die Knie an Schotter, Schwellen oder Schienen auf, zerriss seine Hose. Durch ein Loch in seiner Terylene-Hose sickerte Blut, am rechten Knie.

Vor ihm lagen mehrere Ruinenhaufen, die sicher noch aus dem Krieg stammten. Er kroch auf einen Ruinenhaufen aus Bauschutt und gekrümmten Armiereisen, in dem Versuch, Hafen und Boot zu erspähen. Er riss sich die Hose noch einmal auf, diesmal an einem Armiereisen. Aber er entdeckte die Lichter des Hafens, er wurde ein wenig klarer im Kopf und konnte unversehrt vom Ruinenhaufen wieder hinunterklettern. Dann stieß er auf einen Zaun aus Maschendraht. Zum Glück war offenbar auch der Zaun bombardiert worden, es gab ein Loch, durch das er hindurchkriechen konnte.

Wo war seine Jacke? Er hatte keine. Er war an diesem Juliabend in Bremen in Hemdsärmeln an Land gegangen. In seinen Hosentaschen fand er die Camel-Packung, das Feuerzeug und ein paar Münzen, die die Nutte ihm nicht weggenommen hatte. Zitternd wie ein geprügelter Hund steckte er sich eine Zigarette an und taumelte weiter.

Der scharfe Geruch des Hafenbeckens schlug ihm entgegen. Er sah einen langen Kai im Licht der Straßen-

laternen, und am Ende des Kais, backbords an der Landungsbrücke vertäut, lag ein großes Schiff, das er wiedererkannte, es war schwarz angestrichen und hatte einen schwarzen Streifen an der Seite. Mitten in diesem ganzen Scheiß hatte er Schwein gehabt und war auf geradem Weg zu dem Kai gegangen, wo sein Kahn lag.

Er musste sich zusammenkrümmen und ein weiteres Mal erbrechen, aber es kam keine Kotze mehr. Auf dem Kai gab es eine Pfütze. Er konnte sich nicht daran erinnern, dass es geregnet hatte, aber er hoffte, dass es eine Regenwasserpfütze war. In der Pfütze wusch er sich das Gesicht.

Auf der Gangway zum Schiff hatte er keine Probleme mit dem Gehen, er musste einfach einen Schritt nach dem anderen machen. Der Wachmann an der Gangway, ein vertrockneter Opa, der sich in eine Wolldecke gewickelt hatte, würdigte ihn keines Blickes, so blutig und zerlumpt er auch war.

Fred Iver fand seine Kammer, wo ein Jungmann von den Vesterålen in der unteren Koje lag und den Schlaf der Gerechten schlief, streifte seine Kleider ab, ging mit einem Handtuch um den Leib in den Duschraum und versuchte, Sperma, Blut und Schande wegzuduschen. Drehte den Hahn auf kalt und trank das Wasser. Das half ein wenig. Er trocknete sich ab und wickelte das Handtuch um sein noch immer blutendes rechtes Knie. Kletterte in die obere Koje, zog die Blenket, wie sie die Decken nannten, über sich und war eingeschlafen.

Am nächsten Tag wurde die Angelegenheit nicht erwähnt. Er stand auf, als er geweckt wurde, groggy, aber einsatzbereit. Als sie in der Messe den Morgenkaffee tranken, zwinkerte der spanische Matrose Santos ihm zu, hielt aber die Klappe.

Fred Iver ging zum zweiten Steuermann und bekam ein Pflaster für das leicht geschwollene Knie. Der Steuermann stellte keine Fragen.

Das Schiff fuhr weiter.

In Hamburg tauschte er einige US-Dollars um, die seine Mutter ihm mitgegeben hatte, und kaufte sich eine gute neue Hose aus Terylene. Er war froh darüber, dass seine Mutter ihn nicht im »Golden City« in Bremen gesehen hatte.

Mancher Gast wurde freundlich aber bestimmt zur Tür gebracht – Hermann Uhlhorn mit Betrunkenem in der »Bambus-Bar«

Vorherige Seite: Nachtstimmung an der Schlachte 1956 – im Hintergrund die Große Weserbrücke

Hermann Uhlhorn sorgte als Geschäftsführer der »Bambus-Bar« und des »Golden City« für Ruhe und Ordnung: Und da hatt' ich einen Kollegen, der dann sagte: »Mensch, ich bin da an ›Golden City‹ vom Arbeitsamt da vermittelt worden«, und er wollte da nicht hin. Er hatte 'ne feste Stellung. Ich sag: ›Is ja gut, gib her, dann geh ich hin. Da sagte ein anderer Kollege zu mir: »Hör mal, was willst du hin, du kannst doch kein Englisch«. Und er konnte perfekt Englisch. Da hab ich gesagt: »Na gut, dann geh du hin.« Und dann hat er da gearbeitet und – erste Nacht gleich besoffen. Da hat der Alte gesagt, er braucht nicht wiederzukommen. Na, und dann bin ich hin. Und gleich am ersten Tag war 'ne Schlägerei mit dem alten Gerdes. Und da hab ich zu ihm gesagt: »Nehmen Sie den anderen Arm und dann Pendeltür« und dann haben wir ihn durch die Pendeltür gehauen. Und das hat dem wohl gefallen. Und die anderen warn um zwei besoffen – die Kellner – und ich war nüchtern. Und das war meine Stärke, denn wenn Schlägerei war, war ich schneller. Wenn einer ausholte, dann hab ich schon zugehauen.

Regine Griffiths: Ich bin auch zweimal im »Golden City« gewesen, das hatte ja so wunderschöne Leuchtreklamen und man fuhr ja auch direkt mit der Straßenbahn vorbei. Und ich wollte da auch einmal rein. Und hab dann jemanden gefunden, der mich begleitet hat, denn da hätte ich mich allein nicht reingetraut. Man kam vorne rein, dann kam erst mal ein ganz langer Schlauch. Und dann kam erst die Tanzfläche und ein paar Tische. Ich glaub, die kleinen Bars gefielen mir besser.

Ein Seemann: Und ja, in diesem »Golden City« – die Kapelle, das war früher Live-Musik. Und da spielten sie

Die Band im »Golden City« spielte auf einer Empore, mit der der Rest der verbliebenen Wagenhalle überbaut worden war. Tatsächlich hatten die Musiker ein Gitter, das sie zum Schutz vor fliegenden Flaschen und aufdringlichen Gästen herunterziehen konnten.

Mit Bernie Becker (l.) in der »SOS-Bar«: Taxifahrer-Kollege Robert Drangowski mit seiner Frau Inge (neben Bernie) und Inhaber Ludwig Schulz

hinter so 'nem Maschendraht, wissen Se, 'ne Empore war da, und da *(lacht)* spielten die drauf. Eine Kapelle spielte so was von verkehrt, dass sogar die Nutten verrückt wurden. Und denn haben die mit ihren Schuhen geschmissen und immer in den Maschendraht rein. Die blieben denn da hängen…

Michael Gerdes, Sohn von Heinz Hermann Gerdes, wuchs in der Leutweinstraße auf: Unser Onkel, der hat morgens immer die Bestände aufgefüllt. So, und wenn ich keine Schule hatte, Ferien warn oder so was, hab ich ihm geholfen. Ich weiß, ich hab mich immer danach gedrängt mitzugehen. Weil, wenn ich vernünftig gesucht hab, fand ich nämlich immer in allen Ecken noch ein bisschen Geld.

Bernie Becker: Da war ja Hochbetrieb. Man muss sich das so vorstellen – es war Tag und Nacht offen. Es wurde schon morgens Sekt verkauft. Und da warn überfällige Weiber da – die die Nacht durchgemacht, die nicht nach Hause wollten. Die ham weitergesoffen. Es war immer Bewegung. Und da wollte ich morgens in'n »Elefant« hingehen und da lag in der Pfütze so ein Bündel Geld. Mit Inge war ich da. Und da ham wir beide uns angeguckt, ham kein Wort gesagt. Und da kam gerade 'ne Taxe von Gerdes drüben. »Los, fahr uns eben nach Estrade« – und Estrade hatte so schöne Steaks –, Filetsteaks mit Zwiebeln. Und denn sind wir da hingefahren. Ham erst mal gefressen und danach haben wir ordentlich gesoffen. Und der Rest kam später.

Vom Geld in den Ecken berichten viele »Küsten«-Gänger. An einem sehr ungewöhnlichen Platz hatte Jutta Mattfeld, von 1972 bis 1979 Putzfrau in der »Schlüsselboje«, Glück mit einem Geldfund: Nachts um zwei beim Putzen der Herrentoilette entdeckte sie einen 100-D-Mark-Schein. »Er steckte im Klo in einem nicht abgezogenen Sch…haufen. Mit der Wurstzange hab ich ihn rausgezogen, abgespült und getrocknet. – Die Zange hab ich natürlich dann weggeschmissen.«

Nicht selten nutzten die »Küsten«-Gänger am Ende ihrer Sause die frühen Öffnungszeiten der »anständigen« Geschäfte rund um die Clubs. Bernie Becker erzählt: »Ernst Vöpel war der Bäcker an der Ecke, neben der ›Hawai-Bierbar‹, da konnte ich morgens um zwei schon die ersten Brötchen kriegen, weil er Kaffee Hag mit Kuchen beliefert hat. Und gegenüber war Bartel – 'n Schlachter, da hab ich schon morgens Hackepeter geholt. Ich konnte alles besorgen, is egal wie, und denn sind wir nach Hause gefahren, Hackepeterbrötchen, saufen, bei irgendjemand zuhause, ob das im Winterweg war oder Elmshorner Straße oder auf der Hohwisch oder Bismarckstraße, überall wohnten Mädchen. Also irgendwo biste immer hingefahren zum Ballern und Mist machen.«

Die »Golden-City-Band«

Evi Gerdes durfte nachts nie in die Lokale ihres Vaters. Mit ihrem Bruder Michael hat sie später den Automatenaufstellerbetrieb übernommen: Ich weiß, in die »Bambus-Bar« durfte ich tagsüber öfter mit. Das fand ich toll. Da warn so ausgestopfte Krokodile – da war 'ne Musikbox, und da durfte ich was drücken. Da war dann gerade Cliff Richard, und dann durfte ich die immer drücken und die da hören, weil zuhause hatten wir noch keine Schallplatten.

Das »Bambus-Bar-Trio« mit Egon Rammé (l.) 1954

Die Musik – das Hawaii für kleine Leute aus der Jukebox

Ein wichtiges Mittel, um Gäste anzulocken und in Stimmung zu bringen, war die Musik. Mit den amerikanischen Besatzern kamen Boogie-Woogie, Swing, Pop und Jazz nach Deutschland – Musikstile, die in der NS-Zeit größtenteils als entartet verboten gewesen waren. Wer ein Radio besaß, konnte diese Musik nun über den aus Bremen übertragenden amerikanischen Sender AFN hörbar machen. Bei »Bruno Mosig« gab es schon kurz nach der Eröffnung 1951 einen Plattenspieler, auf dem allerdings Schallplatten mit Seemannsliedern liefen. Bevor der Musikboxaufsteller Lütje Mitte der 50er Jahre die erste Wurlitzer-Musikbox an die »Küste« brachte, setzten die Lokale vornehmlich auf Live-Musik und verpflichteten Gruppen, die jeden Abend aufspielten, wie die »Golden City-Band« und das »Bambus-Bar-Trio« oder Einzelmusiker, wie Heinz Muhle am Akkordeon im »Manhattan«, Charlie Düvelsdorf mit einer der ersten elektrischen »Chord-Orgeln« in der »Alten Liebe« und im »Krokodil« sogar einen einarmiger Akkordeonspieler. Von 1952 bis 1954 spielte der Musiker Egon Rammé zusammen mit Fritz Bruhn und Sony Kempf im »Bambus-Bar-Trio« jeden Tag von acht Uhr abends bis fünf Uhr morgens. Das Repertoire setze sich aus Hits wie »I'm in the mood for love«, »All of me«, »Night and day« oder auch mal eigens modernisierten Gershwin-Stücken zusammen, denn nach Aussage von Rammé waren zu dieser Zeit noch etwa die Hälfte der Gäste Amerikaner. Ab drei Uhr morgens wurden dann vermehrt Hafenschlager von Lale Andersen oder auch »La Paloma« gespielt. Egon Rammé und seine Kollegen erarbeiteten sich ihr Repertoire durch Heraushören der gängigen Hits, während die »Golden City-Band« nach Noten spielte. »Für diesen Job muss man geboren sein – man muss immer gut drauf sein, immer mitrauchen und mittrinken. Wir haben auch viel mit ›Captagon‹ [ein aufputschendes Medikament] gearbeitet, um wach zu bleiben«, erzählt Rammé, der in seiner »Küsten«-Zeit nachts arbeitete, damit er tagsüber Musik studieren konnte. Schon als Zwölfjähriger hatte er 1945 seinen Einstand auf der Bühne der Schützenhalle Schwanewede, wohin ihn drei betrunkene schwarze Soldaten mitnahmen und ihn als »Naziboy« im Armyorchester die Melodie von »Rosamunde« spielen ließen. Für diesen Job bekam er 40 Dollar. Später wurde er von einem Kapellmeister aus Leer für ein mehrjähriges Gastspiel beim Jugoslawischen Staatszirkus Adria verpflichtet. Auch 2011, mit fast 80 Jahren, spielt Egon Rammé noch als Alleinunterhalter in Bremer Kneipen.

Ab Mitte der 50er Jahre kamen dann an der »Küste« die Musikboxen mit je bis zu 200 einzelnen Singles in Mode und ersetzten schon bald vielfach die Live-Musik. Kein Wunder, denn sie wurden vom Automatenaufsteller ohne Kosten für den Lokalbesitzer aufgestellt – ja, er bekam sogar einen kleinen Anteil des Ertrages, der sich aus den Münzeinwürfen pro Musikwunsch der Gäste ergab. Von nun an dominierten Schlager das musikalische Bild. Und zwar erst mal vornehmlich deutsche, wie sich an den seit Ende 1953 monatlich durch die Zeitschrift »Der Automatenmarkt« veröffentlichten Listen der beliebtesten Musikbox-Schlager ablesen lässt. Die »Boxen-Parade« präsentierte als allererste Nummer eins »Es hängt ein Pferdehalfter an der Wand« von den Kilima-Hawaiians. Freddy Quinn stand von 1956 bis 1966 allein zehnmal an der Spitze der so ermittelten Charts, mit seinem Lied »Heimweh« sogar durchgängig fünf Monate lang von Juni bis Oktober 1956. Andere beliebte Interpreten waren Caterina Valente, Peter Alexander oder Lale Andersen. Später kamen auch englischsprachige Titel hinzu, z. B. der »Banana Boat Song« von Harry Belafonte 1957, »Wheels« von Billy Vaughn 1961 und zwischen 1961 bis 1965 allein elf Nummer-eins-Hits der Beatles. Im Jahr 1965 hatte die »Küste« sogar ihren eigenen Star, denn »Ronny«, der damals auch im »Golden City« auftrat, hatte mit »Kleine Annabell« einen Nummer-eins-Hit.

Die deutschen Schlager thematisierten größtenteils Liebe, Sehnsucht oder Heimweh mit Titeln wie »Steig in das Traumboot der Liebe« (Caterina Valente 1955), »Ich weiß, was dir fehlt« (Peter Alexander 1957), »Junge, komm bald wieder« (Freddy 1963), »Liebeskummer lohnt sich nicht« (Siw Malmkvist 1964) oder auch »Santo Domingo« (Wanda Jackson 1965). Sie entstanden in einer Zeit, als in Deutschland die Konsumwelle losrollte, als Fernreisen erschwinglicher und Freizeitvergnügen wieder möglich wurden; und als sich die Kleinbürger mittels Musik (in vielen Lokalen auch durch die Dekoration mit Mitbringseln der Seeleute, wie z. B. dem Alligator im »Krokodil«) ihr eigenes kleines Hawaii – eine heile Welt voller Glückseligkeit und wahrer Liebe – erträumten.

Das Herzstück der guten Laune – die Musikbox (linkes Bild) konnte im »Golden City« bereits ab 1955 auch vom Tisch aus bedient werden

Regine Griffiths: Was ja damals ganz wichtig war – die Musikbox, denn die machte ja die Stimmung und da wurden ständig die neuesten Hits gekauft. Freddy, Rolling Stones oder Beatles warn ja damals schon sehr bekannt. »Lets spend the night together« … Eine Schnulze aus der damaligen Zeit, die ich immer noch sehr liebe, ist »Blue Spanish Eyes«.

Die Single »Unter fremden Sternen« von Freddy Quinn hielt sich im November 1959 einen Monat an der Spitze der beliebtesten Musikbox-Schlager

Berühmt und berüchtigt: die »Schlüsselboje« (Mitte) soll zeitweilig den größten Bier-Umsatz von ganz Bremen gemacht haben

Nach Aussage von Norbert Mosig waren auch die Straßen rundherum brechend voll. Die Prostituierten standen an der Nordstraße und am Waller Ring im Fünf-Meter-Abstand. Nachts, wenn vor jeder Dame Autos zur Geschäftsabsprache hielten, musste sich die Straßenbahn im Schritttempo einen Weg bahnen

Die Wirtin der »Arizona-Bar« Lilo Kräutje (l.) mit Katja 1963

Es war immer eine große Party

Prostituierte: Wir ham Feste da gefeiert, Geburtstage gefeiert.

Hermann Uhlhorn: Wenn einer reinkam und da haben viere gesessen und er gehörte dazu, dann hat er nicht für sich eine Flasche Bier bestellt, dann hat er fünf Flaschen bestellt.

Seemann: Es war immer eine große Party. In jeder Kneipe war immer eine große Party. Nach einer gewissen Konsumierung von Alkohol war die Party einfach da und dann gings los, drum lagen die sich immer in den Armen und verbrüderten sich.

Heiner Otten setzte sich mit seiner Frau Rita 2005 erfolgreich für den Fortbestand seines »Hafen-Casinos« ein: Früher war hier von Haus zu Haus Betrieb. Hier war eine Bar neben der anderen – und alle ham gelebt.

»Seemannsträume« werden wahr…

Bernie Becker: Die Dreckigste war die »Schlüsselboje«. Wenn die bedient hat, hinter der Theke, hat die in den Eimer gepisst – Herta. Ja, die konnte nicht – das war brechend voll. Die hatte keinen Schlüpfer an und hat sich übern Eimer gestellt … Dafür muss man aber auch wieder Verständnis ham. Das ist unglaubwürdig, aber es ist wahr.

Hermann Uhlhorn: Und morgens die Taschendiebe, die hatten bei uns Hochkonjunktur in der »Bambus-Bar«. Es war so voll, da konnten Se so einen umhauen, der fiel nicht um, der konnte nur wegsacken. Und die Taschendiebe – ist ja klar, bei der Drängelei haben se in die Tasche gelangt und geklaut.

Die Damen

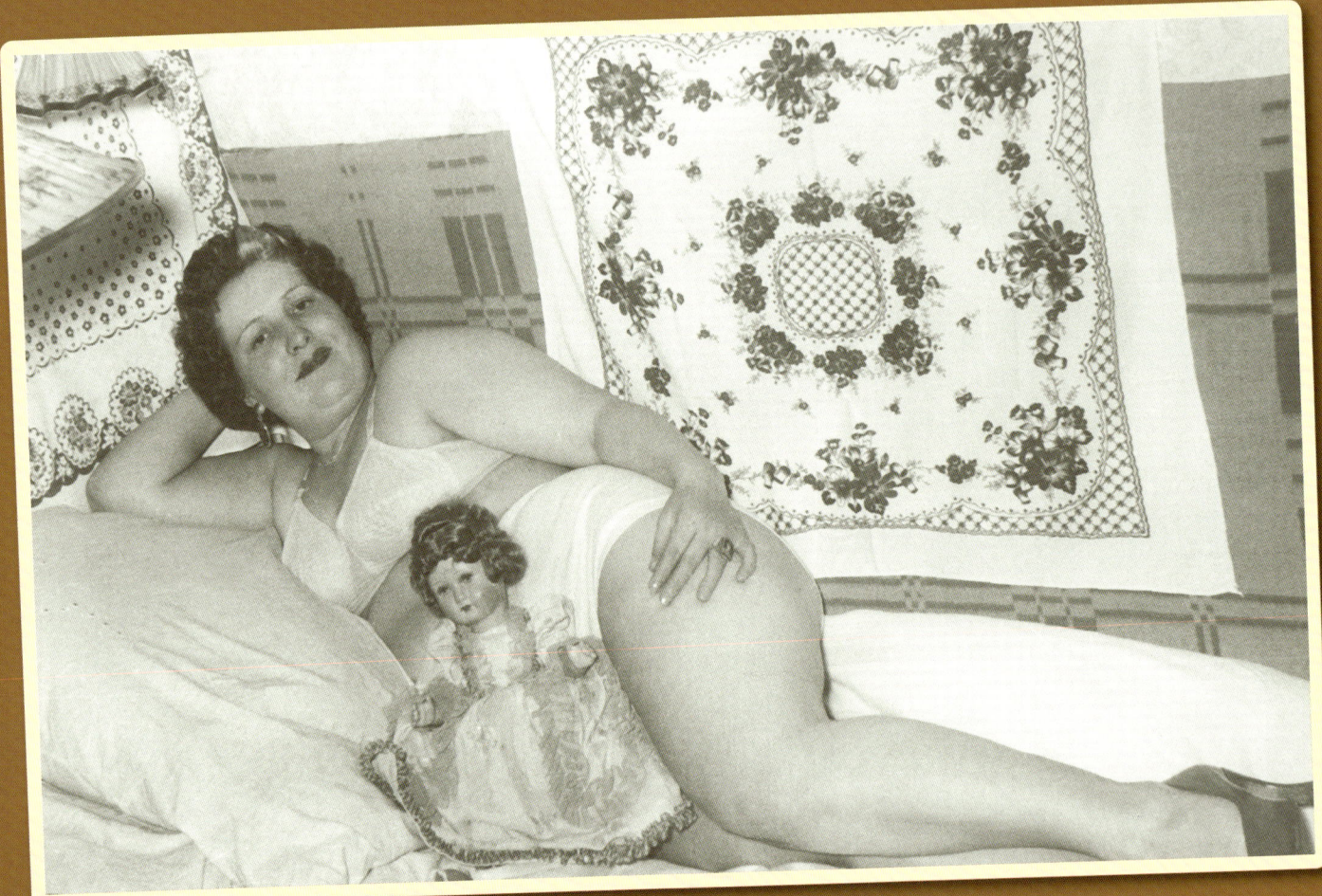

»Herr Ober, ich hätte gern eine Dame – aber garantiert
zwei Stunden ausgeruht…«

Ein Freier

Von selbstbewussten Sexarbeiterinnen und liederlichen Dirnen zwischen Fortschritt und Sittendebatte

Trümmerfrauen bestimmen das Bild

Nach dem Zweiten Weltkrieg kamen auf 100 Frauen im Alter zwischen 25 und 45 Jahren etwa 77 Männer. Diese waren oft durch Kriegsverletzungen, Gefangenschaft und Traumata nach ihrer Rückkehr ins zivile Leben nicht in der Lage, ihre alte Rolle als Familienvorstand und Ernährer auszufüllen. Frauen klopften Trümmerschutt oder leisteten andere schwere körperliche Arbeit im Baugewerbe. Unter großen Anstrengungen versuchten sie, ihr Überleben und das ihrer Kinder, nicht selten auch das ihres heimgekehrten Mannes zu sichern, unter anderem durch Schwarzhandel, »Hamsterfahrten« und einige eben auch durch Prostitution. Täglich mit Existenzfragen konfrontiert, warfen viele die gelernten Rollenmuster einer zarten, mütterlichen und untergebenen Frau sowie Anstand und Sitte über Bord und standen selbstständig und selbstbewusst »ihren Mann«. Manche empfanden nur Mitleid für die verstörten Heimkehrer, die sich ihrerseits angesichts der weiblichen Stärke oft überflüssig oder wertlos vorkamen. In den wiedervereinten Ehen kriselte es gewaltig, wovon der Anstieg der Scheidungen nach dem Krieg zeugt: 1946 waren es doppelt so viel wie in der Vorkriegszeit, 1948 erreichten die Scheidungszahlen ihren Höhepunkt. Unvollständige Familien mit weiblichen Hausvorständen und unverheiratete Frauen bestimmten das Bild in der Zeit, als das materielle Elend am größten, die gesellschaftliche Ordnung aber noch sehr schwach war. Für die Trümmerfrauen standen Themen auf der Tagesordnung, die erst in der Frauenbewegung der 70er Jahre gesellschaftlich bearbeitet werden sollten: die Ausweitung der Frauenrolle, Selbstbestimmung in allen Lebensbereichen, auch über den Körper, und Spielraum für Freiheit und Sexualität. Die Studienrätin Dorothea Klaje schaffte es mit ihrer Forderung nach einem Matriarchat 1947 bis in einen Ausschuss, der sich mit Zuarbeiten für den Entwurf des Grundgesetzes beschäftigte – sie plädierte für »Mutterfamilien«, in denen der Mann nur als Erzeuger auftaucht, und wollte diese durch eine Steuer finanzieren, die alle Männer und kinderlose Frauen aufzubringen hatten.

Prostituierte arbeiten selbstbewusst

Wer sich die Abbildungen und Erzählungen der Lokalbesitzerinnen, Barfrauen, Animierdamen oder Prostituierten an der »Küste« anschaut, sieht neben dem offenen Elend der Prostitution auch viele »gestandene« Frauen, die ihre Entscheidung, im Rotlichtmilieu zu arbeiten, selbstbewusst und mit Würde vertreten.

»Trümmerfrauen« bestimmten das Bild in den zerstörten Städten im Nachkriegsdeutschland

Die Frauen waren aus heutiger Sicht in vielen Haltungen und Positionen Pioniere einer Tendenz, die erst 20 Jahre später die Kraft hatte, die Geschlechterrollen und die Auffassungen von Sexualität und Körperlichkeit in der bundesrepublikanischen Gesellschaft offen infrage zu stellen und schließlich neu zu definieren. Einigen der Protagonisten aus diesen frühen, offenen Nachkriegsmilieus gelang der ökonomische und gesellschaftliche Aufstieg. Beate Uhse ist dafür ein gutes Beispiel. Als Kriegerwitwe und allein erziehende Mutter hatte es sie nach Schleswig-Holstein verschlagen, wo sie sich zuerst mit Landarbeit und Traumdeutung über Wasser hielt. Mit dem Versand von Schriften über Verhütung startete Beate Uhse 1947 ihr Erotikunternehmen und verband alsbald ihr Eintreten für befreite Sexualität mit der konsequenten Vermarktung von »Ehehygiene-Artikeln«.

Frau und Mann auf Augenhöhe – das gab es nur für kurze Zeit, bevor die Geschlechterhierarchie wieder hergestellt wurde. Oben die Bedienung Rita aus der »Alten Liebe« im Gespräch mit einem Gast

Es kann nur darüber spekuliert werden, welche Schicksale sich hinter ihrer Ausstrahlung von Feierlaune verbergen. Es scheint aber so, als hätte der Überlebenskampf in der demoralisierten Gesellschaft eine Zeit lang die Entstehung eines Typus von selbstbewussten Sexarbeiterinnen ermöglicht. Die Aussage von Zeitzeugen, die Prostituierten hätten in den Anfangsjahren an der »Küste« noch keine Zuhälter gehabt, gibt ebenfalls einen Hinweis auf eine besondere Eigenständigkeit und Unabhängigkeit.

Der Kampf um Sittlichkeit…

Sexualität wurde zum öffentlichen Thema – und zum Kampffeld, auf dem sich zentrale Auseinandersetzungen um Moral und Herrschaft in der bundesrepublikanischen Gesellschaft abspielten. Der »Kinsey-Report« über das sexuelle Verhalten des Mannes legitimierte 1948 alle Spielarten der Sexualität und propagierte die Lust und den Orgasmus als Zentrum und Maßstab von Sexualität. Die Illustrierten, neben dem Radio das beliebteste Freizeitmedium der Deutschen nach dem Krieg, vermittelten Kinseys Forschungen im Boulevardstil, verknüpften fort-

Frauen an der »Küste«

an Sexualwissenschaft und Unterhaltung in Beratungskolumnen und sicherten sich damit hohe Aufmerksamkeit und wachsende Auflagen. Allerdings widmeten die Journalisten der Diskussion über den Unterschied zwischen den amerikanischen und den deutschen Geschlechterbeziehungen besondere Aufmerksamkeit: Kinseys freiheitsutopische Idee von der reinen Triebbefriedigung des Individuums ohne normative Beschränkungen wurde als rein »zoologisch« und typisch amerikanisch-materialistisch abgetan. Den Deutschen wurden zwar voreheliche Sexualerfahrungen beider Partner nicht mehr abgesprochen. Die eigentliche Erfüllung in der Sexualität sei jedoch nur in der Verbindung mit Liebe in der Ehe zu finden. Die tradierten geschlechterspezifischen Verhaltensnormen und Leitbilder wurden nicht infrage gestellt.

Die Sexualisierung des öffentlichen Lebens und der damit verbundene Kultur- und Wertewandel in der Nachkriegsgesellschaft stellte für die Verfechter einer an den Werten des Kaiserreichs ausgerichteten bürgerlichen Ordnung eine umfassende Bedrohung dar. Die Kontrolle der Sexualmoral war für sie die Voraussetzung für ein auf Autorität gründendes soziales Zusammenleben. Über den Kampf um die »Sittlichkeit« als unveränderliche und zeitlose Norm versuchten Politiker, Soziologen, Vertreter der Kirchen, Ärzte und allen voran der »Volkswartbund«, Einfluss und Macht wiederherzustellen. Der Schutz der Reinheit und Schuldlosigkeit der Jugend wurde zum politischen Programm, »das zudem von der Intention zeugte, auf kulturellem Gebiet schaffen zu wollen, was politisch nach Kriegsende kaum herzustellen

Der Volkswartbund

ist 1927 als privater katholischer Verein aus dem 1898 gegründeten »Kölner Männerverein zur Bekämpfung der öffentlichen Unsittlichkeit« hervorgegangen. Dieser hatte schon seit der Jahrhundertwende gegen die »schleichende Auszehrung der Volkskraft« durch Onanie, Geschlechtskrankheiten, Pornografie, Prostitution, Homosexualität, Abtreibungen, uneheliche Geburten und den Gebrauch von Verhütungsmitteln mobil gemacht. In der Weimarer Republik war er maßgeblich an der Verschärfung des Paragrafen 184 des Strafgesetzbuches, nach dem damaligen Reichsinnenminister auch »Lex Külz« genannt, beteiligt, mit dem ab 1926 die Verbreitung von »Schmutz und Schund« unter Strafe gestellt und Groschenheftchen und erotische Literatur, aber auch andere Schriften, Bilder, Filme und Theaterstücke von Prüfstellen indiziert wurden. Nach 1933 kooperierte der Volkswartbund intensiv mit den Polizei- und Justizbehörden des NS-Staates und kämpfte mit ihnen für »Volksgesundheit« und gegen »Rassenschande«. Durch seine Verbindungen zur katholischen Kirche galt der Volkswartbund nach dem Krieg als politisch unbelastet. Die Militärregierung erlaubte ihm bereits 1946 wieder die Verbreitung seiner Rundschreiben, da sie sich Unterstützung gegen die sich ausbreitenden Geschlechtskrankheiten und die Kriminalität unter beschäftigungslosen Jugendlichen erhoffte.

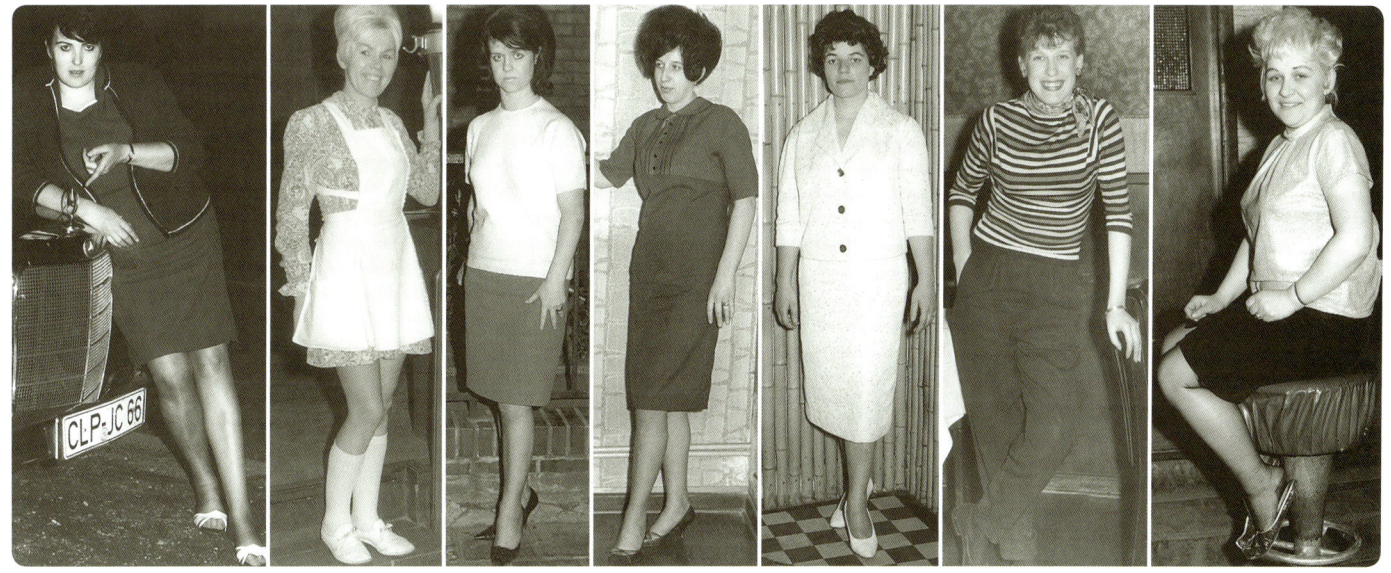

Vorherige Seite: In der »Arizona-Bar« um 1960. Die Damen: Katja, Inge, Senta, Lilo Kräutje und die »Dicke Inge«. Hinten rechts Willi, rechts Albert, dem bei einer Auseinandersetzung die Nase abgebissen wurde. Bernie Becker dazu: »Da sind wir auf dem Boden rumgekrochen, die Nase suchen. Die wurde dann wieder angenäht. Bei der nächsten Reise hat Albert aber solche Schmerzen mit der angenähten Nase gehabt. Da hat er gesagt: Das hätte ich nie wieder so gemacht.«

war: moralische Unbescholtenheit« – wie Sybille Steinbacher in ihrem Buch »Wie der Sex nach Deutschland kam« beschreibt.

Der Kampf um Sittlichkeit richtete sich gegen alles, was diese Reinheit und Schuldlosigkeit gefährden konnte: sexuelle Darstellungen in Bild- und Schriftform, die Produkte der Erotikindustrie, sexuelle Freizügigkeit, Selbstbestimmung und Prostitution. In einer aggressiven, von Krankheitsmetaphern geprägten Sprache wurde gegen »unmoralische Auswüchse« mobil gemacht. Im Oktober 1949 beantragte der Volkswartbund ein an das alte »Lex Külz« angelegtes Gesetz gegen »Schmutz und Schund«, um Erotikhefte und -werbung, aber auch »Sitten gefährdende« Kunstwerke indizieren zu können, und forderte Prüfstellen in jedem Bundesland. Von nun an war die junge Bundesrepublik ständig herausgefordert, zwischen dem Sittlichkeitspostulat und den im Grundgesetz garantierten Freiheitsrechten einen Weg zu finden.

Einen ersten bundesweiten Skandal rief Willi Forsts Film »Die Sünderin« hervor, der 1951 in die Kinos kam. Nicht nur, dass die Hauptdarstellerin Hildegard Knef sekundenlang nackt zu sehen war, besonders die Thematisierung von Prostitution, wilder Ehe, Vergewaltigung, Sterbehilfe und Selbstmord hielten die Sittenwächter – in diesem Fall fühlte sich besonders die katholische Kirche berufen – für gefährlich. Eine monatelange öffentliche Auseinandersetzung folgte, in der es um die Sinndeutung und um die Zukunft der deutschen Bildungskultur und die darauf gründende nationale Identität ging. Wilde Polemik, Verbotsversuche und sogar die Sprengung der Vorführung durch Stinkbomben und weiße Mäuse begleiteten die Debatte. Die Besucher des »brunnen- und sittenvergiftenden« Films wurden als »Wegbereiter des Kultur-Bolschewismus« verunglimpft. Der Düsseldorfer Pfarrer Carl Klinkhammer, der nach einer Stinkbombenattacke im Kino und späteren Handgreiflichkeiten vor der Tür wegen Nötigung, groben Unfugs und Widerstands gegen die Staatsgewalt festgenommen wurde, ließ sich in der Verhandlung von seinem Rechtsanwalt als »bewährter Widerstandskämpfer« stilisieren und mit den Männern des versuchten Hitler-Attentats am 20. Juli vergleichen. »Man muß einen Fluß, der zu überschwemmen droht, an der Quelle abschirmen. Dieser Film ist der Anfang eines Unglücks, der uns alle verderben kann, wenn wir nicht rechtzeitig zur Selbsthilfe greifen!«, warnte Klinkhammers Rechtsanwalt Gritschneder im Prozess und nutzte damit einen in der Sittendebatte immer wieder gezogenen Vergleich zum damals viel in Anspruch genommenen Widerstand gegen das NS-Regime.

Die moralische Rigorosität, mit der die Sittenwächter zu Werke gingen, hatte ihren Antrieb im Widerwillen gegen die Fortschrittsdynamik von Massenkultur und Massenkonsum. Diese wurde aus nationalem Blickwinkel als kulturelle Amerikanisierung Europas gedeutet, die gegenüber der abendländischen Hochkultur minderwertig sei und zu Sinnlichkeit und Verbrechen, Unzucht, Gewalt, Realitätsverlust, Vergnügungssucht und Verdummung führe.

Doch die fortwährenden Angriffe auf die Darstellung von Sexualität in Bild, Schrift, Kunst und gegen die Produkte der Erotikbranche im Laufe der 50er und 60er Jahre schärften das Bewusstsein einer wachsenden kritischen Öffentlichkeit über den Freiheitsgrundsatz der Verfassung und führten wie bei der »Sünderin« häufig noch zur Werbeeffekten für das gebrandmarkte Produkt bei. Hier mussten die Sittenwächter mehr und mehr erkennen, dass sie die Deutungsmacht über die Sexualität verloren.

…gegen Fortschritt und Gleichberechtigung

Die selbstherrliche Verbreitung des konservativen Sittlichkeitsideals diente in besonderem Maße der Rekonstruktion des hierarchischen Geschlechterverhältnisses und der tradierten Familienordnung. Je mehr die Wohlstandsproduktion anlief, desto mehr kamen die Männer zurück auf den Arbeitsmarkt und in ihre alte Machtposition als Ernährer der Familie und die traditionelle Rolle im Geschlechterverhältnis. Nach dem Grundgesetz waren Männer und Frauen zwar vor dem Gesetz gleich. Einige Abschnitte des Bürgerlichen Gesetzbuches festigten aber die Vormachtstellung des Mannes in der Familie: Bis in die 70er Jahre brauchten Frauen für die Aufnahme einer Arbeitsstelle die Erlaubnis des Mannes. Die Vernachlässigung des Haushalts galt als gesetzlich anerkannter Scheidungsgrund. Und der Vater allein hatte die gesetzliche Vertretung eines gemeinsamen Kindes inne.

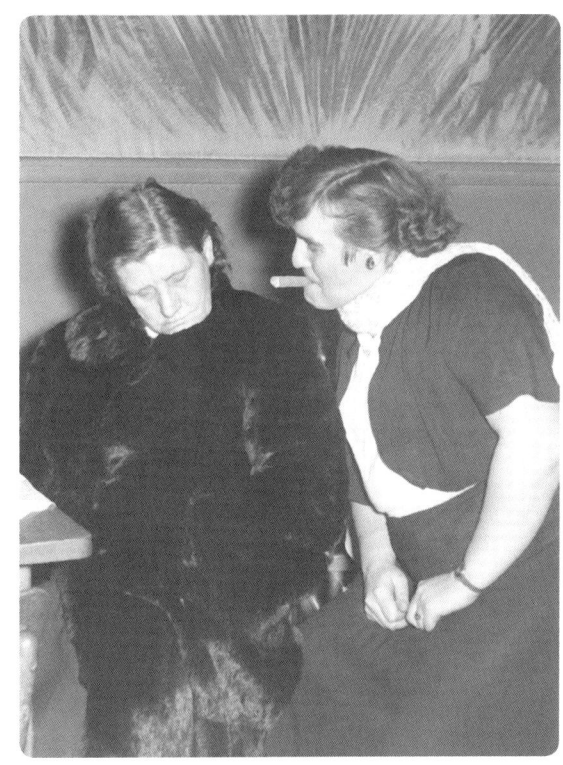

»Stillleben« im »Golden City«

Mit einer »Doppelverdiener-Kampagne« gegen verheiratete Frauen im Beruf und weitere Propaganda wurden die Frauen gezielt aus dem Arbeitsmarkt und zurück an den Herd gedrängt. Die Illustrierten lieferten dazu massenhaft das Bild der behütenden, passiven, vom Gefühl bestimmten Frau, die aus Verantwortung für Liebe und Ehe ihre Interessen zurückstellt. Nach dem »K-Day«

Der »Schrecken der kulturellen Moderne«: die sexuell zügellose Frau

1953, dem mit Spannung erwarteten Erscheinungstag des zweiten Teils des »Kinsey-Reports« über das sexuelle Verhalten der Frau, heizten die Illustrierten mit detailgenauen und bebilderten Berichten zwar wochenlang die erotischen Fantasien ihrer Leser an. Doch emanzipierte Frauen mit einem eigenständigen Sexualleben passten nicht in das tradierte Rollenklischee. Schließlich war der Kern der bürgerlichen Sexualauffassung die Doppelmoral, nach der vor- und außereheliche Kontakte von Männern stillschweigend hingenommen wurden, Frauen aber schnell den Ruf einbrachten, eine Hure zu sein. Und so wurde der »Kinsey-Report« in den Illustrierten kurzerhand als nicht auf deutsche Frauen übertragbar und die Emanzipation amerikanischer Frauen als Ursache für die dortige von Wettbewerb und Seelenlosigkeit geprägte Kultur dargestellt.

Mehr als alles andere fürchtete die patriarchalische Gesellschaft die sexuell zügellose Frau. Nach Sybille Steinbacher stand diese »für den Untergang der Kultur, war Sinnbild für den Schrecken der ungezügelten kulturellen Moderne und blieb der Inbegriff destabilisierender gesellschaftlicher Kräfte«.

Prostituierte und freizügige Frauen werden diffamiert

Für Frauen, die »hemmungslosen freien Geschlechtsverkehr« pflegten, gab es schon in der Behördensprache der 20er Jahre das Kürzel »hwG«, das für »häufig wechselnde Geschlechtspartner« stand. Solche Frauen wurden als »verwahrlost« und als »anlagebedingte Asoziale« diffamiert, wie es zum Beispiel Ärzte auf der Ersten Sexualwissenschaftlichen Arbeitstagung 1950 taten. Der Kampf gegen die sich nach dem Krieg aus-

Die Frauen an der »Küste« fanden sich in ähnlicher Ordnung wie auf den letzten Seiten ausgeschnitten und aufgeklebt im Fotoalbum der Fotografin Carla Bockholt (ganz rechts)

Nachkriegsszene mit Frauen und Mädchen an der Nordstraße in Walle. Im Hintergrund der Bunker Grenzstraße

breitenden Geschlechtskrankheiten wurde von den staatlichen Autoritäten gezielt genutzt, um Frauen, die nicht dem gesellschaftlichen Idealbild entsprachen, einer medizinischen, juristischen und sozialpolitischen Überwachung zu unterwerfen.

Manch seelsorgerisches Unterfangen wurde gestartet, um die verlorenen Seelen an der »Küste« zu bekehren – Jutta Mattfeld, die heute noch als Tresenkraft im »Krokodil« arbeitet, erzählt, dass die Heilsarmee immer wieder kam und sich die Mädchen draußen vornahm. »Am Ende haben alle geheult, und wenn die weg waren, sind sie wieder auf den Strich gegangen.«

Die alte Ordnung wird wiederhergestellt

Mit der allmählichen Wiederherstellung der ökonomischen, rechtlichen, institutionellen und kulturellen Ordnung wurden also die durch die Nachkriegsnot erzwungenen Spielräume für Frauen wieder stark eingeschränkt.

Als Bundesfamilienminister Franz Josef Wuermeling 1953 sein Amt antrat, konnte er sein Ministerium ungestraft zu einer Abwehrinstanz gegen die Gleichberechtigung der Frau erklären, wie Sybille Steinbacher schreibt.

Die Bremer Behörden tendierten dazu, das Rotlichtmilieu als unvermeidlichen Preis für Bremens Bedeutung als Hafenstadt zu akzeptieren. Die rigorosen Vorstöße der neuen Moralwächter wurden nicht in direkte politische Initiativen umgesetzt. Die Stichworte des Sittlichkeitskampfes und damit die systematische Abwertung und Stigmatisierung freizügiger Frauen schlug den Frauen aus dem Waller Milieu aber aus Zeitungsberichten und Illustrierten, Polizeiberichten, Senatsvorlagen sowie den seitens des Bürgervereins für die westliche Vorstadt angezettelten Moraldebatten entgegen.

Die Fotografin Carla Bockholt geb. Kalkbrenner

Eine besonders selbstbewusste und eigenständige Frau an der »Küste« war die Fotografin Carla Bockholt. Geboren als Carla Kalkbrenner 1913, aufgewachsen in einem Waisenhaus und geschult, sich durchzuboxen, arbeitete sie zunächst als Küchenhilfe bei Kaffee Hag. Kurz vor dem Krieg heiratete sie den Feinmechaniker Heinz-Albert Deppe und bekam mit ihm während des Krieges die Kinder Heinz und Monika. Bis dahin entsprach sie dem traditionellen Bild der Frau, deren Haupttätigkeit in der Erziehung und in der Haushaltsführung lag. Doch mit dem Krieg und der Nachkriegszeit nahm die Biografie von Carla Deppe eine radikale Wende, die typisch ist für viele Frauen, die sich in dieser Zeit mit ihren Kindern allein durchschlagen mussten. Ihr Mann erkrankte kurz nach dem Krieg schwer an Tuberkulose und konnte sich am Erwerb des Familieneinkommens bis zu seinem frühen Tod nicht mehr beteiligen. Carla Deppe lebte mit ihren Kindern zuerst von den Lebensmittelrationen der Wohlfahrt, die sie mit Schwarzmarktgeschäften aufzubessern versuchte. Ihr Sohn Heinz erinnert sich daran, wie er fünf- oder sechsjährig auf einer Bank am Bahnhof die Tüte mit der Stange Zigaretten bewachen musste, während seine Mutter mit jeweils einer einzigen Zigarette Tauschgeschäfte versuchte und für diese zum Beispiel ein ganzes Brot bekam. Auch an gefährlicheren Organisierausflügen waren die Kinder beteiligt. Als die kleine Familie mit Brema-Einkaufstasche und Kinderwagen und in Gesellschaft einer größeren Gruppe von Wallern am Parallelweg Kohlen aus Waggons besorgen wollte, kamen plötzlich amerikanische Besatzer. Diese schossen in die Luft – alle Organisierer suchten das Weite, doch Carla Deppe musste zurückkommen, da ihre Kinder am Waggon geblieben waren. Was folgte, war ein Nachmittag auf der Wache (den Heinz Deppe vor allen Dingen als warm in Erinnerung hat), wo auch die Kohlen abgegeben werden mussten. Doch am nächsten Tag war man bereits wieder bei den Waggons.

Irgendwie muss Carla Deppe in dieser Zeit einen Fotoapperat und ein Eisbärenfell aufgetrieben haben. Als Autodidaktin fing sie zusammen mit einem Partner an, in der Bremer Innenstadt, zum Beispiel vor der Wallmühle, »Menschen mit Eisbär« zu fotografieren und diese Bilder zu verkaufen. Dieses Geschäft weiteten sie auf Jahrmärkte aus, über die sie mit dem Eisbärenfell tingelten. Als sie die Kinder während der Arbeitszeit bei Nachbarn ließ, bekam sie mehr und mehr Ärger mit ihrem Ehemann. Die Ehe war ohnedies schon zerstritten, und im Jahr 1948 ließ sich Carla Deppe von ihrem Mann scheiden und nahm ihren Mädchennamen Kalkbrenner wieder an. Wegen der Versorgung der Kinder gaben Carla Kalkbrenner und ihr Geschäftspartner das Tingeln über Jahrmärkte auf. Etwa 1949 fingen sie an, an der »Küste« durch die Lokale zu ziehen und Seeleute auf Bestellung zu fotografieren. Ihr Partner erwies sich als unzuverlässig, er versackte zu oft in den Lokalen. So baute sie ihr Geschäft nach kurzer Zeit allein auf. Der Arbeitsablauf war immer gleich: Abends ab 20 Uhr fuhr sie in ihrem Wagen die Lokale an der »Küste« in Walle und auch in Gröpelingen ab und fotografierte dort alle, die sie dazu beauftragten, per Vorkasse. Für Seeleute, die schnell ein Passbild brauchten, hatte sie immer ein sauberes Hemd und einen Schlips dabei. Ein Bild kostete anfangs zwei Mark. Nachts brachte sie die belichteten Filme in ein Fotogeschäft in der Vegesacker Straße in der Nähe der Schule Helgoländer Straße. Dort wurden sie bis morgens entwickelt. Die Fotografin sortierte sie in Umschläge und gab diese ab morgens um neun Uhr auf den Schiffen ab. Ihre Kinder nahm sie zu den Verteilungsfahrten zu Röchling, Schuppen 13 bis 17 oder zum Europahafen häufig mit. Ihr Sohn Heinz erinnert sich, wie er auf einem türkischen Schiff erstmals eine Wassermelone probieren durfte. Ihre Tätigkeit, aber auch ihr guter Kontakt zu den Animierdamen und Prostituierten machte Carla Kalkbrenner schnell bekannt und zu einem gern gesehenen Gast in den Lokalen an der »Küste«. Durch ihre anerkennende Art war sie oft Seelentrösterin, lud die Frauen auch mal zu sich nach Hause ein. Auf der Arbeit lernte sie auch ihren zweiten Ehemann kennen, den damaligen Geschäftsführer des »Golden City«, Friedrich Karl Bockholt, mit dem sie bis zu ihrem Tod im Jahr 2001 zusammenlebte.

Das Geschäft der Carla Kalkbrenner, jetzt Carla Bockholt, lief gut. Es gelang ihr, als einzige Fotografin an der »Küste« über viele Jahre ihr Revier zu verteidigen. Die umgehängte Leica und ein langer schwarzer Ledermantel waren ihr Markenzeichen. Jeder von der Belegschaft an der »Küste« hatte Fotos von ihr. Sie fotografierte immer wieder die Seeleute mit Mädchen, in Gruppen, die Mädchen allein, auch zuhause. Auch die inszenierte Fotografie ließ sie nicht los: Zu Silvester ging sie mit einem verkleideten Schornsteinfeger durch die Lokale, sie machte Fotos auf dem Bärenfell und auch pornografische Bilder. Das Ehepaar Bockholt hat viele dieser Aufnahmen in Alben archiviert, sodass ein einzigartiges Archiv des Hochbetriebs an der »Küste« in den 50er und 60er Jahren entstanden ist.

Tapfere Trümmerfrau: Carla Bockholt mit Sohn Heinz und Tochter Marion (oben) und bei ersten Fotoarbeiten im Eisbärfell auf dem Jahrmarkt

Zeitzeugen erzählen

»Die richtigen Bardamen – das warn attraktive Frauen –
die warn aber nicht nur da für Sex«
Rolf Braack

»Denn wenn Frauen im Laden sind – dann ist was los«
Hermann Uhlhorn

»Ich bin freiberuflich tätig«
Eine Prostituierte

»Was der Mensch braucht, das muss er haben,
sag ich immer«
Eine Bardame

Bernie Becker und Kollege in der Wißmannstraße. Im Hintergrund »Mutti Weiss« und dahinter der Eingang zum Tunnel

Wie heißt es heute so schön: die »Zielgruppe«

Bernie Becker: Ob das ein Modearzt ist, ob das ein Richter ist, ich hab sie alle im Wagen gehabt. […] Und du bist ja in Haushalte reingekommen, wo so'n normaler Mensch gar nicht reinkommt, der so auf der A.G. »Weser« arbeitet – kommt nach Hause, zieht seine Puschen an und liest den »Weser-Kurier« – der sieht das ja nicht. Aber wir haben ja die Leute von der Küste weggefahren. Vonne Nutten ausm Bett geholt und nach Hause, da waren sie wieder der liebe Papa und der Opa – hat wieder Überstunden gemacht. Und denn musstest du ja noch mitlügen, mit irgendwas spinnen, vor allen Dingen, wenn das Geld denn weg war, und die sind nach Hause gefahren und hatten die Kohle nicht mehr, und denn mussten se zuhause Geld holen. Und denn die Frauen, was se für ein Theater gemacht haben. Oder welche kamen raus mit lauter Blut um den Mund. Ich hab denen nichts gesagt – erst so drei Meter vor der Haustür hab ich denen den Tipp gegeben, dass se sich säubern müssen. Die haben sich dann aber gefreut, dann war das Trinkgeld höher…«

Pärchen in der »Arizona-Bar«

Alle waren da! Tatsächlich kamen die Besucher aus allen Schichten und Berufen. Allerdings war die »Küste« beileibe nicht nur wegen der käuflichen Liebe attraktiv! Viele Waller Bürger sagten am Abend: »Lass uns man mal zur Küste gehen«, da konnte man fremde Menschen sehen, vom Hafen die Schiffe tuten hören und ganz in der Nähe der Stadt ein wenig weite Welt und verruchte Atmosphäre schnuppern. Und auch bekannte Bremer waren Gäste, erinnern sich Angehörige des früheren Küstenpersonals und verweisen auf Fotos von Carla Bockholt, auf denen z. B. Kurt Zech in der »Alten Liebe« (rechts) und Hans Koschnick mit Lilo Kräutje in der »Arizona-Bar« (S. 115, rechts) zu erkennen seien

In der »Arizona-Bar« 1957

Wo konnten Frauen Amerikaner kennen lernen? Frauen, die Amerikaner kennen lernen wollten, um ihnen Liebesdienste gegen Geld anzubieten, konnten in die bereits bestehenden Lokale an der »Küste« gehen. Ab Ende 1946 bekamen sie mit einem »social pass« auch Zugang zu den amerikanischen Clubs. Ganz einfach konnten sie natürlich auch am Rande eines der Sportplätze, auf denen die Amerikaner Baseball spielten, auf Ansprache warten, wie z. B. auf dem von Bernie Becker gemeinten Sportplatz an der Dedesdorfer Straße, der bis vor Kurzem noch das Domizil des BSV, des Bremer Sportvereins gegenüber der Schule an der Helgolander Straße war

Das schnelle Geld lockt

Hans Günther Prigge: Schnack der Dirnen war es, sie legen Wert auf eine Gegenleistung in Form von Bargeld. »Ehefrauen sind teurer als wir«, das war ihr Argument immer.

Bernie Becker: Das war ja im Aufbau alles, und die Mädchen ham auf einmal gemerkt, dass Geldverdienen schneller ist, als wenn ich da beim Friseur den Kopf mach für irgendjemand. Die Helgolander Schule war voll belegt mit über 300 Neger-Soldaten, an der Elsflether Straße, da waren Weiße, und die haben da auf dem Sportplatz, der da jetzt noch ist – da ham die Baseball gespielt und die Mädchen haben da am Abhang ... also da haben die richtig Geld verdient – richtiges Geld.

Bardame aus der »Bambus-Bar«: Zuerst hatten se gedacht: »Oh, ja – zuerst mal mit dem oder so mal – und von diesen ein, zwei Mal wurde dann immer mehr. Und die Seeleute, die zahlten ja auch. Sie dürfen ja auch nicht vergessen – das war ja nach dem Krieg und so.

Seemann: Wir konnten ja jetzt nicht irgendwo in eine Gaststätte gehen oder in 'nen Tanzschuppen und so

Hübsche Mädchen in verruchten Bars – davon träumen Matrosen auf See!

lange warten, bis wir die Richtige gefunden haben. Wir mussten ja auch wieder wegfahren. Das musste schnell gehen. Und da ham wir 'ne schnelle Mark hingelegt und war erst mal *die* Sache befriedigt.

Prostituierte: Für mich ist das ein Geschäft. Er bezahlt und ich biete was. Das hab ich manchem Gast auch gesagt, dann wolln se immer noch ein bisschen mehr und ein bisschen mehr und da hab ich gesagt: »Pass mal auf, mein Freund. Jetzt gehst du nach Karstadt oder nach Hertie – kaufst dir einen Anzug. Der kostet jetzt 300 Mark, jetzt willste auch das passende Oberhemd haben und 'nen Schlips möchtest du auch noch haben und die passenden Schuhe. Meinste, dass das in den 300 Mark alles drinne ist?« – »Nö.« Ich sag: »Siehste.«

Bernie Becker: Die Weiber ham für Bettwäsche gevögelt. Seidene Bettwäsche – haben die Lkw-Fahrer runter vom Wagen genommen. Früher konnteste das ja noch klauen. Für gekochten Schinken, für Weinbrand – Kisten. Das ham se gekriegt – noch außer der Reihe.

Prostituierte: Der am meisten bezahlt hat. Das ging nicht nach Schönheit. Dann hat man sich gewaschen und ist

Eine Prostituierte

Vermittelt durch den Verein Nitribitt, der sich seit 1987 in Bremen für die Interessen der SexarbeiterInnen einsetzt, konnte ich im Herbst 2004 auch ein Interview mit einer Prostituierten führen. Diese Frau hatte ihren ersten Mann 1951 sehr jung geheiratet und mit ihm vier Kinder bekommen. Nachdem ihr Mann sie betrogen hatte, reichte die Frau die Scheidung ein und kam Ende der 50er Jahre von Hamburg nach Bremen. In das Milieu an der »Küste« und die Tätigkeit als Prostituierte ist sie »reingerutscht«, hat diese aber über 40 Jahre lang bis ins hohe Alter durchgeführt, auch nach der Hochzeit mit ihrem zweiten Mann 1967: »Mein Mann hat mich da doch kennen gelernt, der kannte das Leben. Das hat ihn doch gar nicht interessiert. Ich hatte meinen Job, und er hat seine Arbeit gehabt. Wir haben unser Geld zusammengepackt. Das hat mit Liebe nichts zu tun. Das ist rein geschäftlich gewesen. Ich bin abends aus dem Haus gegangen. Solange ich nicht gearbeitet habe, war ich privat. Und wenn ich Feierabend hatte, war ich wieder privat.« Auf die Frage, ob die Bekannten gewusst haben, dass sie anschaffen geht, antwortete sie: »Ich hatte an und für sich keinen großen Bekanntenkreis. Mein Schwiegervater, der hat es gewusst. Und der hat gesagt, das ist ein Job wie jeder andere auch. Mein Schwiegervater lebt nicht mehr und die anderen interessieren mich nicht. Ich hab nichts mit Verwandte. Ich hab lieber Fremde um mich.« Für sie ist der Gang des Freiers zu einer Prostituierten kein Betrug an den Ehefrauen: »Das ist kein Betrug. Die sind zu uns gekommen, haben dafür bezahlt, wir haben uns getrennt. Und dann ist die Suppe gegessen. Er fährt nach Hause und ich geh nach Hause. Ich nehm ihm die Frau ja nicht weg, ich will ihn ja nicht haben für immer. Ich will ja nur das Beste von ihm. Sein Geld.«

Ein Großteil der Wirtschaftswunderwaren kam über den Hafen nach Deutschland. Hier eine Lieferung der American express port company 1956. Auch als die Nachkriegsnot vorbei war, ging an der »Küste« das »Organisieren« weiter…

gegangen. Das ist alles. 'n festes Verhältnis hatte ich zuhause, das brauchte ich da unten nicht.

Seemann: Der Freier glaubt doch in dem Moment: »Das ist meine neue Freundin.« Wenn er 50 Bier drin hatte oder was weiß ich. *(lacht)* Hab ich frisch kennen gelernt. Hier und so. Es gab zum Beispiel welche, die ham da schon zwei, drei Jahre gearbeitet und länger und die erzählten denn Hein Seemann: »Du, ich geh morgen wieder zu Rosi – die wartet auf mich schon…« – glaubte er – und wenn dann Pech war, hatte Rosi im gleichen Moment ja zwei Liebhaber. Und nun musste Rosi das ja irgendwie hinkriegen. Egal wie und dann gabs ja auch mal 'ne kleine Schlägerei. »Lass meine Braut zufrieden. Das ist meine.« Dann ging das los.

Wer waren die »Damen vom Ballett«?

Prostituierte: In der »Bambus-Bar« – da hatten wir eine Bedienung und die hatte 'nen ganzes Bund Schlüssel dabei. 'ne ganz charmante ältere Dame – die verstand ihr Metier. Wenn dann einer ganz nett war, dann hat sie ihm 'nen Schlüssel gegeben, und vorn war 'ne Tankstelle. Da ham die dann gewartet. Manchmal zwei, drei Mann. Jeder hatte 'nen Schlüssel. Sie hat nur gesagt: »Ich geb dir den Schlüssel, ich komm gleich.« Doch sie kam nicht, ist hinten rausgegangen. Wir haben uns totgelacht…

Renate Uhlhorn: Das war Tessi Schomaker. Die hat sie erst ausgenommen, Trinkereien und dergleichen. Und dann sollten die schon vorfahren und dann hat die de-

Wenn er 50 Bier drin hat, denkt er: »Das ist meine neue Freundin«

nen 'n Schlüssel gegeben, aber der passte nie ins Schloss. Die hat sich nach jedem liegengebliebenen Schlüssel gebückt, damit sie immer verkehrte Dinger einpacken konnte.

Rolf Braack: Und neben dem »Golden City« war eine Bar, die hieß »Nordlicht« und in dieser Bar waren mehrere Bardamen, die die Seeleute unterhielten und dafür auch Geld bekamen. Und am nächsten Tag kamen sie dann zu uns in die Bank und haben ihre Devisen gegen D-Mark eingetauscht. Diese Bardamen waren alle so Anfang zwanzig. Waren alles hübsche Mädchen – ohne Zweifel. An eine kann ich mich erinnern. Die nannte sich Laila. Und das war die erste Frau, die ich gesehen habe, die ein Goldkettchen um den Knöchelfuß trug. Das hat mich damals sehr beeindruckt. Und dann kam mal eine, die tauschte ihre Devisen ein und dann sagte sie zu meinem Kollegen: »Ach, sag man Ramona zu mir. Das ist mein Künstlername.«

Bardame: Die »Damen vom Ballett« hab ich immer gesagt. War doch etwas netter, als wenn man diesen anderen Ausdruck nimmt, ne?

Seemann: Und da warn dann ja auch verkrachte Existenzen. Ich weiß noch eine, die ham wir immer Asbach genannt. Das war so 'ne Kleine, ganz Zierliche – immer besoffen. Und dann gabs damals in den 60ern oder 50ern schon so Fußbälle von der Sparkasse aus Holz.

Hermann Uhlhorn und seine Bardamen in der »Bambus-Bar«

»Inseln der Glückseligkeit«: »St. Pauli«, »Arizona« und »Nordlicht« von außen und von innen in der »Arizona-Bar« (nächste Seite)

Nicht auf jedem Schiff erlaubt – Damenbesuch in der Kajüte

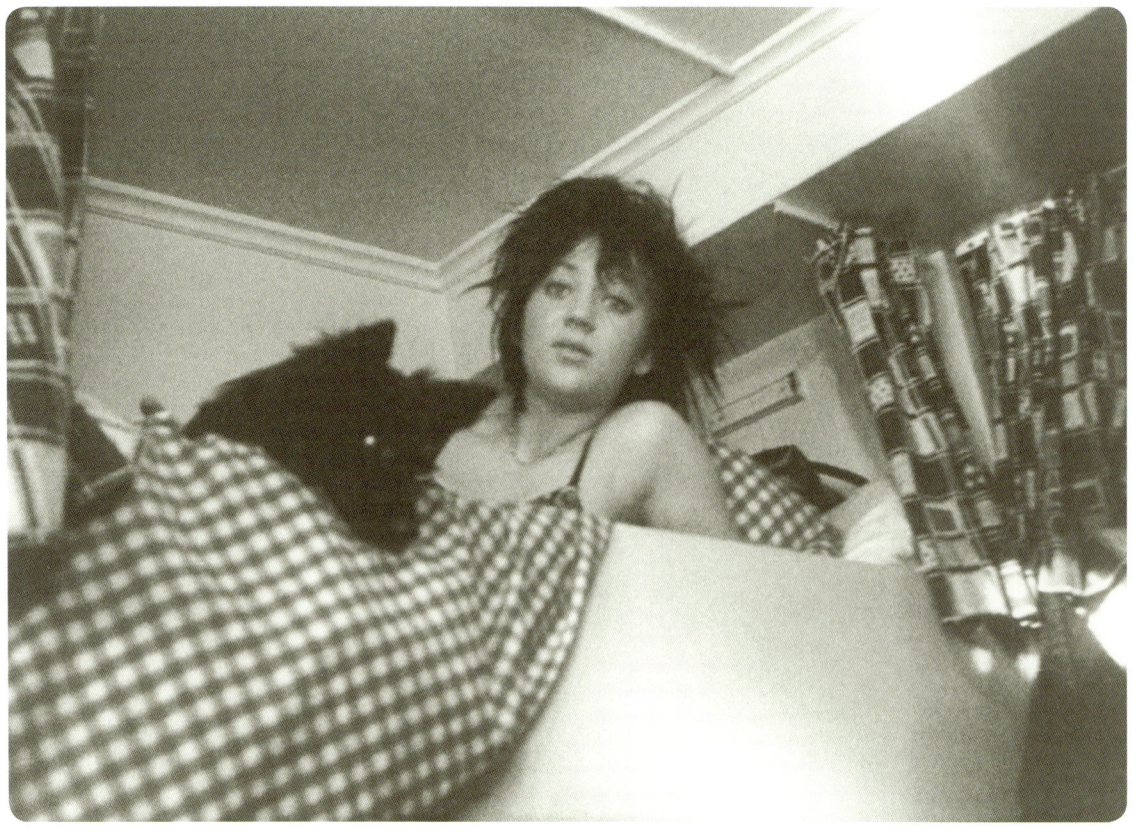

Das waren so Spardosen. Die hatte sie an so einer Kette um den Hals und da sollte man immer was reintun. Das Geld hat sie, mit dem Schlüssel denn wieder raus und sich gleich einen Drink geholt. Hat immer Asbach gesoffen.

Aus einem Polizeibericht 1954: Aus diesem wild durcheinandergewürfelten Mädchenhaufen mag manche durch die Wirren der Nachkriegszeit aus Not und Selbsterhaltungstrieb zu diesem Schritt getrieben worden sein, aber der überwiegende Teil hat sich durch seinen Hang zum liederlichen Lebenswandel zu diesem Gewerbe hingezogen gefühlt. […] Der international bekannte Name »Hure« ist für einen Teil dieser Mädchen noch als human anzusehen. Es ist den verantwortlichen Stellen auch kein Geheimnis, daß gewisse Strichmädchen mit einem Taxi beim Arbeitsamt vorfahren und ihre Unterstützung in großer Garderobe anheitert und zigarettenrauchend so nebenbei als Taschengeld kassieren.

Bardame: Koffer-Else, die hatte immer so ein Tweedkostüm an und hatte immer ihr ganzes Hab und Gut bei sich. Sie hatte wohl irgendwo so ein Zimmer, aber da brauchte sie nicht oft hin. Zu der Zeit war das ja immer ein bisschen anders. Im Hafen, wenn die Schiffe da lagen, konnte sie ein paar Tage dableiben und dann kam sie auch drei Tage nicht aus der Koje und darum eben den Namen: Koffer-Else.

Bernie Becker: Erdbeer-Else, die hatte immer keine Hose an. Die kam von Habenhausen mit der Kuh und hat die dann verkauft an irgend so einen Bauern. Erdbeer-Else, die hat alle umsonst rangelassen. Oder Scholle, die hat das Geld immer im Arsch versteckt. Die wurde sogar vom Gericht verurteilt. »Du darfst das Geld nicht in den…, denn wird das dreckig, das gehört dem Staat.«

An der Sprache der zitierten Polizeiberichte kann man die durch den Sittenkampf verstärkte Abwertung und Pathologisierung der Prostituierten ablesen. Sie müssen entweder durch Not oder einen ihnen innewohnenden »liederlichen Lebenswandel« in die Prostitution getrieben worden sein. Dass eine ganz normale Frau das Geschäft mit der Liebe selbstbewusst als ganz normale Arbeit ansieht, scheint nicht vorstellbar. Welch gruselige Diffamierung der Schreiber wohl anstatt der »humanen« Bezeichnung Hure noch im Kopf hatte?

Regine Uhlhorn: Sputnik – die war doch immer besoffen. Wenn se besoffen war, dann hat se noch'n Tag gelebt. Und wenn se nicht besoffen war, dann war se ganz krank. Die war doch nur betrunken. Aber nett. Hat nicht rumgepöbelt oder so.

Erwin Krüger: Denn war da Inka, diese Finnin, die soff 15 halbe Liter. Ja, da gabs immer Wetten. Wenn sie denn Durst hatte und wir haben ein bisschen gehetzt ... Ich mein: Wir waren ja auch nicht gerade Engel.

Regine Griffiths: Sie saß bei mir am Tresen. Es kommt ein Mann rein und grüßt sie nicht. Dann sagt sie zu ihm: »Du kannst aber auch mal Guten Abend sagen!« Da grüßte er sie immer noch nicht, und da sagte er dann hinterher zu mir: »Evi hat Fotze wie Hasenkopf.« Und da hab ich dann gedacht – so jung wie ich war: so was soll nie jemand von dir sagen.

Peter Benje und sein Schulfreund betrachteten die »Küste« als »kulturelles Experimentalfeld« – in den Lokalen schrieben und zeichneten sie und studierten die Gesellschaft: Wenn man da sitzt und man sagt

Koffer-Else, Scholle, Himbeer-Toni, Nutten-Gerdes, Nussknacker, Bläser-Sigrid, Ficken-Henny oder Titten-Margot – an der »Küste« wurden teilweise deftige Spitznamen vergeben. Links im Bild Sputnik

Jutta Mattfeld erzählte von einer Frau namens »Fischluzi«, die schon lange keine Zähne mehr im Mund hatte und sich deswegen immer die Hand vor den Mund gehalten habe. Plötzlich erschien sie aber stolz mit einer Zahnreihe und erklärte, sie hätte jetzt einen Freier bei einem Beerdigungsinstitut, der einen ganzen Beutel voll Gebisse gesammelt hat. Diese habe sie so lange ausprobiert, bis eines passte

»Es waren Menschen aller Nationalitäten, es rollten D-Mark, Dollar, Rubel und Peseten.« Lilo Kräutje und Schwester Gretel (stehend Mitte) mit Gästen im »Nordatlantik« in Gröpelingen

»Machen Sie bitte eine typische Handbewegung…« – Karl Friedrich Bockholt mit Dame im Auto

Das Kuppeleigesetz

Der seit dem Kaiserreich gültige Kuppeleiparagraf 180 / 181 des Reichsstrafgesetzbuches stellte die gewohnheitsmäßig oder aus Eigennutz betriebene Förderung von Gelegenheiten zur »Unzucht« unter Strafe. Als Unzucht galt jeder außereheliche und voreheliche Geschlechtsverkehr. Einfache Kuppelei lag vor, wenn Frauen zur Unzucht vermittelt oder die entsprechenden Räumlichkeiten zur Verfügung gestellt wurden. Als schwere Kuppelei wurde geahndet, wenn die Unzucht Schutzbefohlener oder eigener Kinder gefördert wurde. Eltern oder Vermieter wurden bereits bestraft, wenn sie den Geschlechtsverkehr Unverheirateter unter ihrem Dach duldeten. Nach einem Grundsatzentscheid des Bundesgerichtshofes 1954 wurde der Geschlechtsverkehr für Paare erlaubt, die zur Heirat entschlossen, aber bisher daran gehindert waren. Wegen der Duldung unzüchtiger Handlungen machte man sich nicht mehr strafbar, wenn ein Eingreifen als unzumutbar bezeichnet werden konnte. Die Strafbarkeit war nun von der Beurteilung des Einzelfalles abhängig.

also, diese Kreaturen – diese Frau, die da täglich ihren Leib zur Schau stellt und verkauft – was soll das eigentlich? Die muss natürlich leben, aber was soll dieses kreatürliche Rumgekrieche? Wo soll das enden? Wo will das hin? Warum bemühen wir uns überhaupt?

Wo konnten die Damen mit den Männern hingehen?

Seemann: In Bremen war ja zum Beispiel – die Bars waren ja eigentlich verboten – mit Separees. Ja – das muss man sich mal vorstellen, 'ne Hansestadt – das war verboten.

Bernie Becker: Und alle Hotels, ob das »Hotel zur Post« war, »Stadt London« – alle ham auf Absteige gemacht. Die ham direkt bei uns angerufen, wenn ihr einen habt, dann wurden nur eben die Bettlaken ein bisschen gerade gezogen und dann kam der Nächste rein. Aber die mussten immer voll bezahlen – die Freier. War 'ne schöne Tour immer: in 'ner Stunde abholen, angeblich – haben wir vor der Tür gewartet und denn sind se gleich wieder mit zurückgefahren nach zehn Minuten, wenn das vorbei war. Und die ganz Schnellen, die sind nach Steinbrügge & Berninghausen gefahren, auf die Holzstapel eben. Und anstandshalber, weil du ja 'n guter Taxifahrer warst, haste denen noch so'n Kissen gegeben, dass se 'n Kissen sich unter den Hintern legen können.

Katja arbeitete als Animierdame im »Arizona«: Du konntest ja damals nur im Wagen bumsen. Oder die Männer haben die Hotelportiers bestückt – es gab ja das Kuppeleigesetz.

Michael Gerdes hörte die Bezeichnung »Nutten-Gerdes« für seinen Vater, als er mit dessen Lkw-Fahrern mitfuhr: Weshalb war denn hier so ein großer Bedarf an Taxen – weil 'se von hier aus in die Stadt fahren wollten, um was zu erleben, oder warum?

Bernie Becker: In der Glücksburger Straße hier vorne, da war Opa. So'n ganz Alter. Der saß im Küchenfenster und daneben war so'n Gang durch und da hatte der 'nen

Hans-Günther Prigge
über die Kuppelei im Auto

So um zwei oder drei Uhr nachts sehe ich das Auto in der Norderneystraße stehen, die war damals so gut wie gar nicht gebaut, das war noch alles Trümmergebiet. Um zwei Uhr nachts allein ein Pkw mit Fahrer daneben. Ich sprech den an: »Das kommt mir komisch vor, dass Sie hier nachts alleine stehen.« – »Ja, ja. Ich wart auf jemanden.« Und dann hab ich mich noch'n Augenblick mit dem unterhalten und bin so zu dem Wagen hin. Und in dem Wagen, da war sie am Bearbeiten und bearbeitet da so einen Hafenarbeiter. Auf dem Hintersitz, war alles klar und deutlich zu sehen. Ich hab dann darum gebeten, dass sie mal aussteigen. Und es stellte sich raus, dass das die Frau von dem Mann war, der da mit seinem Wagen stand. Der hat praktisch seinem Weib Schutz geboten. Und die waren noch jünger wie ich. So um die Dreißig. Und dann hab ich 'ne Anzeige geschrieben wegen Kuppelei. Und zwar bezieht sich das alles darauf, dass er seiner Frau Schutz geboten hat für den Geschlechtsverkehr. Sie fürchtete sich noch, sie war neu auf dem Strich. […] Ich musste auch zum Gerichtstermin hin. Die Sitzung war dann nicht öffentlich, ich musste nur meine Aussage machen. […] Und im Mitteilungsblatt der Polizei hab ich dann gelesen, er hat sieben Monate ohne Bewährung bekommen. Das hab ich im höchsten Maß als ungerecht empfunden, weil mir das zuviel vorkam. Und 1973 ist das Gesetz dann geändert worden: Es tritt nur noch dann in Kraft, wenn die Personen, die beschützt werden, in jugendlichem Alter sind.

Wie auch in den vielen Geschichten von Bernie Becker (sitzend im Taxi) deutlich wird, kam dem Taxifahrer eine zentrale Funktion innerhalb der »Küsten«-Geschäfte zu. Er brachte die Gäste nicht nur zum Lokal und am Ende des Abends nach Haus, sondern kutschierte die Prostituierten und ihre Freier auch zwischen Privatwohnungen, Absteigen oder den besagten Holzstapeln und den Bars hin und her. Nach eigenen Aussagen ergaben sich für ihn selbst dabei ständig Gelegenheiten für Sex mit den ihm bekannten Prostituierten. Ob allerdings seine Fantasie ihm den Ausspruch einer der Damen zuflüsterte, die beim Verkehr mit ihm im Auto die Frage stellte: »Du lässt doch jetzt nicht die Uhr laufen?«, kann nicht geprüft werden

Das »Golden City«, bereits mit gefliester Fassade und Leuchtreklame.
Links daneben, in der Wißmannstraße, eine angebaute Wurstbude.
Die ältere Dame auf dem Weg zur Überquerung der Nordstraße (rechts),
ist die Mutter des Besitzers, »Oma Gerdes«

Die »plietschen« Waller Kleinbürger nutzten wirklich jede Möglichkeit, um mit einer Absteige für die Damen und ihre Freier Geld zu machen. Ob dieser Hühnerstall ebenfalls zu solch einem »Zimmer« umgebaut wurde, ist nicht bekannt

Hühnerstall. Und dann hat eine zu ihm gesagt: »Du, Opa, mok doch die Hühner wech und denn lässte ihn einfach ankreiden« – den Hühnerstall. »Und denn 'n Bett rin und 'n betchen Licht und denn lässt se vögeln«, und denn hat der gesessen, hat sich 'n Zettel abends genommen und denn hat er aufgeschrieben: Ingrid, Marlies, Helga, Ute, einmal, zweimal, und danach mussten die bezahlen …

Hermann Uhlhorn: Einer, der da 'n bisschen auf Draht war, konnte zu der Zeit Geld verdienen.

Rolf Braack: Ja, was brachten die so an – diese Mädels? Tja, das waren so 30 Dollar die Nacht. Für zehn Dollar konnte man 'ne Menge kriegen. Wissen Sie, das Geld für mich, zum Beispiel meine Familie – das war knapp. Am Anfang – ich bin da 1950 angefangen, ich glaub, ich hab da so 290 D-Mark verdient im Monat. Dann haben wir vor allem jeden Tag zehn Stunden gearbeitet.

Regine Griffiths wurde in der »SOS-Bar« »die Schlaue« genannt, weil sie als einzige der Tresenkräfte Englisch und Französisch sprach: Ich hab zwei Nächte die Woche gearbeitet und ich hatte in einem Monat einmal über 1000 Mark netto. Und das war in den 60ern viel. Das waren Trinkgelder, das war das ein oder andere Mal auch ein Getränk, was gar nicht getrunken wurde und was wir auch gemacht haben – wir haben Devisen getauscht. Damals war der Dollar noch 4,20 Mark wert. Wir gaben aber nur für jeden Dollar 3,60 Mark und auch das war noch eine Quelle, um sich etwas nebenbei zu verdienen.

Barfrau Regine Griffiths (l.) mit Kollegin und Gästen in der »SOS-Bar«

Jutta Mattfeld, heute noch Bardame im »Krokodil«, berichtet von guten Geschäften auch ohne jegliche Liebesdienste in den 90er Jahren, als sie mit einem halben 500-DM-Schein zur Begleitung einer Sauftour gelockt wurde. »Die andere Hälfte bekam ich dann am Ende des Saufabends.« Einmal wurde sie gebeten, mit dem Betrunkenen nach Haus zu kommen, nur um darauf aufzupassen, dass er einen wichtigen Termin am nächsten Tag nicht verschlief. Für das Wachbleiben vor dem Fernseher bekam sie 700 DM

Die Geschäftsfrau Else Körner – »Diamanten-Else«

Eine der reichsten und angesehensten Geschäftsfrauen an der »Küste« war wohl Else Körner, die Besitzerin der Bar »Elefant«. Vor ihrer Tätigkeit an der »Küste« war sie Angestellte eines Schlachters in Woltmershausen gewesen. Dieser Schlachter hatte sie später geheiratet und ihr etwas Geld vererbt, das sie in den Kauf des »Elefant« investieren konnte. So begann ihr Aufstieg. Eine Barfrau über ihren Spitznamen: Diamanten-Else. Sie hat es verstanden zu arbeiten. Auch die Mädchen, die sie hatte, dass die eben gut waren und auch gutes Geld verdient haben. Und sie hatte ihr Geld eben in Diamanten angelegt. Das war damals so. Man trug eben Brilliantringe.« Natürlich waren Menschen in der Umgebung der reichen Geschäftsfrau neidisch. Hierüber weiß Bernie Becker eine schöne Geschichte: »Die Else Körner hat sich behangen von oben bis unten. Ich hab ihren Wagen immer gefahren. Und Heinz Peer, das war Else Körners Geliebter, der hat oben eingebrochen da bei ihr und hat denn da im Schrank gesessen, wie die Polizei kam, und dann hat der das Geld gezählt. Die hatte ja so viel Geld zuhause – tausende von Mark. Die hat ja ihre Kassen nicht aufgemacht. Wochenlang nicht. Das lag alles verstreut in Schuhkartons. Die hat ja Millionen verdient. Und denn haben se bei Else Körner angerufen, da hat sie in der »Roten Laterne« gehangen, da in der Grenzstraße: ›Ja hier sitzt ein Bekannter von dir, der Heinz Peer‹ – ›Ja, was macht der denn?‹ – ›Ja der sitzt hier oben im Kleiderschrank und zählt Geld.‹ Sacht se: ›Das macht der immer, das hat seine Richtigkeit.‹ Und da hat se keine Anzeige gemacht.«

Bernie Becker: Das war ein Zusammenhalt. Das war, wenn es auch so ein paar schräge Fürsten gab – wir Taxifahrer, die Musiker, die Kellner – das war eine große Clique. Da gabs auch nicht so die Klauerei, was nachher alles so kam – und dies Gierige. Das war – jeder hat Geld verdient und jeder hat jeden leben lassen. Da war das Geld eben – das lief, das war flüssig.

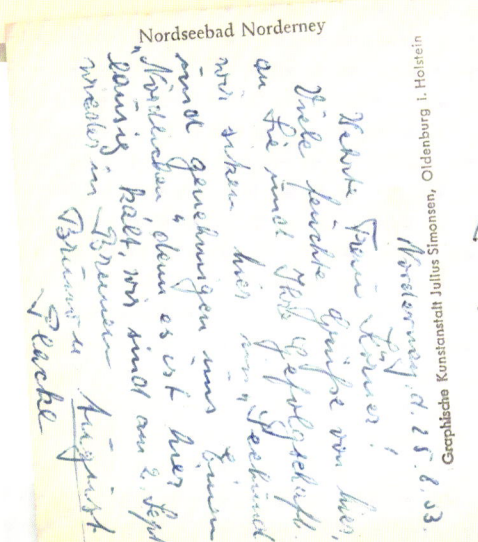

Von der Schlachtergehilfin zur »Küsten«-Diva: Else Körner (Mitte, mit Brille), hier in der »Arizona-Bar«

Was man so verdiente

Einen Anhaltspunkt für einen Vergleich der von den Zeitzeugen genannten Preise und Verdienste bietet eine Aufstellung der Lohnsteigerung Bremer Hafenarbeiter (entnommen dem Buch »Bremen. Bremerhaven, Häfen am Strom«: River Weser Ports) für die jeweils erste Werktagsschicht zwischen Kriegsende und November 1965:

Lohn für die erste Werktagsschicht (7,5 Std.)

Kriegsende umgerechnet:	7,60 DM
Oktober 1950	11,20 DM
Oktober 1951	12,96 DM
April 1954	14,– DM
März 1957	17,15 DM
März 1960	19,75 DM
September 1961	22,– DM
September 1962	22,88 DM
Januar 1963	23,57 DM
Mai 1964	25,– DM
November 1965	27,50 DM

Zusätzlich zu diesem Lohn wurden tarifliche Zuschläge für Spät- und Nachtarbeit und erschwerende Arbeitsbedingungen, gestaffelter Urlaub, Krankengeldzuschuss, zusätzliche Altersversorgung und Wohlfahrtsleistungen gewährt. Bei zugrunde gelegten 40 Wochenstunden (die erst im Tarifvertrag von 1964 ausgehandelt wurden), ergeben sich umgerechnet 174 Monatsstunden (Quelle: Arbeitsgericht Stadt Bern 2005), und 23,2 monatliche Arbeitstage. Als in etwa durchschnittlicher Monatslohn ohne Zulagen und Überstunden kann für den bremischen Hafenarbeiter nach diesem Umrechnungssystem angenommen werden:

1945, umgerechnet:	176,32 DM
1950:	259,84 DM
1957:	397,88 DM
1960:	458,20 DM
1965:	638,– DM

Die Lohnsteigerung beträgt zwischen 1945 und 1965 mehr als das Dreifache und deckt sich mit der allgemeinen Lohnentwicklung in diesem Zeitraum. Es fällt auf, dass der Verdienst des einfachen Bankangestellten Rolf Braack 1950 mit monatlich 290 DM das Einkommen eines Hafenarbeiters nicht sehr deutlich übersteigt. Allein das Grundgehalt des Musikers Egon Rammé im »Bambus-Bar-Trio« betrug zwischen 1952 und 1954 das Doppelte, nämlich 600 DM im Monat. Dazu kassierten die Musiker hohe Trinkgelder, wenn sie direkt an den Tischen Musikwünsche anspielten. Egon Rammé erinnert sich: »Da haben wir Englisch gelernt – ›you got to pay‹ – ›how much?‹ – ›ten dollars‹ – so hieß es nach jedem Stück am Tisch. Einmal habe ich sechsmal hintereinander ›La Paloma‹ angespielt und gleich 60 Dollar gehabt.« Vom Akkordeonspieler Heinz Muhle berichtet er, dass dieser die Anspieltechnik ausgereizt und teilweise die ganze Theke entlang für jeden der zumeist amerikanischen Gäste ein Lied gespielt und jeweils zwischen 20 und sogar 50 Dollar erhalten habe.

Auch die Barfrau Regine Griffiths erhielt zwischen 1965 und 1970 als Studentin selbst ohne jegliche Liebesdienste mit bis zu 1000 DM im Monat für zwei Abende die Woche einen geradezu fürstlichen Lohn. Wenn Prostituierte allerdings bereits 1950 beim Bankangestellten Braack pro Abend 30 Dollar tauschen konnten, was zum damaligen Kurs 126 DM entsprach, so wird deutlich, wie ungeheuer groß die Verdienstmöglichkeiten an der »Küste« waren.

Laut Bernie Becker verdienten die Prostituierten an einem Gast oder Freier durchschnittlich zwischen 50 und 300 DM. Von sehr »betuchten« Herren bekamen sie durchaus auch mal 5000 DM!

Im Rausch des Wirtschaftswunders, das die Konsumbedürfnisse der Deutschen explodieren ließ, hatten die »Küsten«-Arbeiter jedenfalls einen der ganz vorderen Plätze.

Hier noch eine anschauliche Aufstellung von Preisen verschiedener Konsumgüter Mitte der 60er Jahre, gefunden auf http://www.das-waren-noch-zeiten.de:

Eine Kugel Eis beim Italiener: 0,10 DM
Eintritt für das Schwimmbad: 0,50 DM
Ein Liter Normalbenzin: 0,58 DM
Eine Tageszeitung (»Bild«-Zeitung): 0,15 DM
Eine Fernsehzeitschrift (»HörZu«): 0,70 DM
Eine Tafel Schokolade (100 g): ca. 0,90 DM
Ein Laib Brot (1000 g Mischbrot): ca. 1,20 DM
Ein Pfund Kaffee (500 g): ca. 10,00 DM
Eine Zigarettenschachtel aus dem Automaten (12 Stück): 1,00 DM
Ein Fahrrad: ca. 90 DM (ohne Gangschaltung)
Ein elektrischer Rasierapparat: ca. 85 DM (Braun Sixtant)
Eine Polstergarnitur: ca. 350 DM (Couch, 2 Sessel mit Armlehnen)
Ein VW-Käfer: ca. 4500 DM
Ein Ford Taunus 20 M, 6 Zylinder: ca. 8500 DM

Die taubstumme Edeltraud mit Saxofonspieler im »Golden City«

Laut Egon Rammé wurden die Musiker von den Bardamen »erzogen« und auch in andere Geschäfte eingeführt, bei denen sie zum Beispiel zu Privatpartys mitgenommen wurden und dort für Shows »ohne Instrumente« auch mal 300 DM extra kassierten. Das Vokabular untereinander war eindeutig. Wenn etwa der Kinobesitzer Hollmann regelmäßig um halb fünf Uhr morgens vorbeikam, begrüßte er die Damen mit »'n abend, Ihr Fotzen«, worauf diese ihm im Chor antworteten: »Hi Pidel!«

Hans-Günther Prigge: Damals nahmen die Nutten 20 Mark und dann sprach mich eine an, die ich auch schon häufiger gesehen hab und kontrolliert hatte, und sagte: »Hier ist eine, die ist hier neu und die unterbietet die Preise. Die nimmt nur 15 Mark«, und das war für die anderen denn ein Dorn im Auge.

Prostituierte: Guck mal, die Leutweinstraße, wenn du reinkamst. Da ham wir morgens um vier angefangen zu arbeiten. Da sind wir reingekommen in die »Bambus-Bar« – um sechs ham wir unser Geld gehabt. Trinkgeld. Da war nichts so, mit 'nem Mann und so – gar nichts.

Rollenwechsel: Ausgehbegleitung, Animierdame, Barfrau, Verlobte

Bardame: Es war nichts Schlechtes. Sie brauchten ja auch nicht mit jedem, den sie kennen lernten oder wo sie mit

Von außen ohne Glamour: die »Bambus-Bar«, eines der am besten laufenden Lokale in den 50er und 60er Jahren. Das Bild stammt aus den 70ern

Der Akkordeonspieler ist Bobby Baumann, Inhaber der »B.B.-Bar« in der Bremerhavener Straße, links Elfie, die später auf dem Gelände der A.G. »Weser« ermordet wurde (siehe Bernie Becker, S. 117)

an Bord gingen, die brauchten ja nicht immer mit dem schlafen. Oft wollten die auch nur Unterhaltung haben. Oder man traf sich mit denen in der Stadt. Dann warn die nett angezogen und man selber auch. Und früher konnte man ins »Astoria« gehen und so tanzen – oder so was, so was wollten die oft auch nur.

Rolf Braack: Das warn keine Prostituierten – das warn Animierdamen.

Bardame: Ich konnte an und für sich meine Uhr danach stellen, welcher Mann zu welcher Zeit kam. Viele wollten nur reden – dann war man so ein seelischer Ascheneimer. Ich wusste genau – aha, mit denen trinke ich 'nen Jägermeister und der gibt mir 'nen Piccolo aus.

Anita Jerzenbeck: Damit ham die ja auch viel Geld gemacht. Ja, du kannst mich kuscheln und so und mal umfassen, aber erst mal 'ne Flasche Schampus. Nur, dann stand da irgendwo so ein Blumenpott – die nimmt ihn an und dann hat sie geguckt – der trinkt jetzt richtig und zack, ab in den Blumenpott.

Regine Griffiths: In der »SOS-Bar« arbeiteten immer zwei Frauen hinter dem Tresen und vor dem Tresen saßen mehrere Frauen, die so ihr Geld verdient haben. Insofern war das ganz klar getrennt. Und wir wurden damit nicht verwechselt. Vielleicht wurde man mal betatscht oder man bekam auch mal ein Angebot, aber darauf musste keine Frau eingehen.

Hermann Uhlhorn: Die Frauen hab ich ja ausgesucht. Die mussten ein bisschen was hergeben. Die solln ja nicht mit den Männern ... Wenn se mit den Männern gehen – dann is es ja vorbei.

Seemann: Wenn ich in Rio war oder Itajaí oder so, denn hab ich natürlich immer so getan, als ob ich verlobt bin. Ich glaub, ich hab 20 Verlobungsringe bei mir zuhause. Die hab ich noch aufbewahrt. Ich hab immer gesagt: »Heute verloben wir uns.« Die warn dann immer Feuer und Flamme – für mich wars dann einfacher – ich brauchte dann nicht mehr zu suchen.

Prostituierte: Die »Bahia Thetis« – das ist ein südamerikanisches Schulschiff gewesen – mit Kadetten. Meine Freundin und ich – Marie – wie soll ich das erzählen? Die hat sich in einen verliebt. Und die sind ausgelaufen – und zwar nach Südfrankreich und die war dermaßen in den verliebt – dann sind wir beide los – per Anhalter nach Nizza gefahren – wir warn eher da wie die »Bahia Thetis«, wie der Dampfer. *(Frage Frauke Wilhelm: Haben Sie den dann getroffen?)* Natürlich ... der hat erst fragen müssen – er war ja Kadett –, ob er runter kann vom Schiff. *(Frauke Wilhelm: Haben Sie denn geheiratet?)* Ach was, aber die war ja soo in den verliebt. Ooh!

Erwin Krüger: Da kam einer mit seiner Frau vom Standesamt. Schön high. Besoffen. Sie ganz in Weiß – Brautkleid –, er war auch schon voll wie die Hacke und erst

Manchmal reisten die Damen den geliebten Seeleuten auch hinterher – so wie diese beiden einem Kadetten auf der »Bahia Thetis« nach Südfrankreich

Stilvoll im Brautkleid – fotografiert von Carla Bockholt

mal ran an Tresen und wir hatten damals richtige Tanzfläche dabei, wir hatten auch damals immer Musiker – noch zuerst. Da hat sie dann mit irgendwem getanzt, und auf einmal war sie verschwunden. Und da hab ich zu ihm gesagt: Hör mal – bist du zu dämlich, deine Hochzeitsnummer selber zu machen?

Die Umstände

Regine Griffiths: Eines Tages behauptete eine Prostituierte, dass sie morgens den Geschäftsführer mit nach Hause genommen hätte und sie bekäme nun von ihm ein Kind, und weil er in der deutschen Rechtschreibung nicht ganz so sicher war, haben wir dann schriftlich verfasst, dass wir alle bezeugen können, dass diese Frau anschaffen geht und dass das also sein kann, dass viele Väter dafür in Betracht kamen.

Erwin Krüger: Die ganzen Frauen, die dort gearbeitet haben, sind – bevor sie zur Arbeit gingen – alle hin nach

Verhütung

Die Verhütung ungewollter Schwangerschaften war für die Frauen in den 50er Jahren noch keine einfache Angelegenheit. Nach der von Papst Pius IX. im Jahr 1930 erlassenen »Casti connubii« waren Kondome für Katholiken auch in der Ehe verboten. Die Beschränkung der Herstellung und des Vertriebs wurden zwar unter alliierter Herrschaft ab 1947 aufgehoben. Doch es gab sie nur unter dem Ladentisch oder über Beziehungen. Denn die noch aus der NS-Zeit stammende Heilmittelwerbeordnung erlaubte die Reklame für empfängnisverhütende Mittel und Sexualpräparate nur in Fachzeitschriften für Ärzte und Apotheker. In den Auslagen der Apotheken hatten sie nichts zu suchen. Noch 1956 wurde über eine Gesetzesvorlage für ein generelles Verbot von Kondomautomaten gestritten. Als »Aufforderung zur Unzucht«, »Verleitung zum Ehebruch« und »Ermunterung zur Prostitution« waren sie den Sittlichkeitsverfechtern ein Dorn im Auge. Je nach der regionalen Gerichtsbarkeit wurden sie in verdeckten Hauseingängen oder wenn der Münzschlitz über 1,70 Meter hoch angebracht war geduldet. In manchen Kleinstädten wurden sie kurzerhand von den Jugendwohlfahrtsausschüssen abgeräumt. Der Bundesgerichtshof erließ 1959 ein generelles Verbot, da die Automaten den Anschein des Selbstverständlichen und Unverfänglichen gäben und damit Kinder und Jugendliche verwirren würden. Die SPD stellte daraufhin den Antrag, Automaten im Innenraum von Gaststätten zu erlauben und bekam Recht. Mit der Einführung der Pille im Juni 1961 endeten diese Auseinandersetzungen allmählich.

Der Eintritt einer ungewollten Schwangerschaft war allerdings ein ernstes Problem. Abtreibung war nach § 218 StGB verboten und wurde mit Gefängnis bestraft. Als Lösung blieb eine illegale Abtreibung, die an der »Küste« unter anderem von einer der dort Beschäftigten mit Schmierseife und Pumpe oder auch von einigen Ärzten, die gleichzeitig Kunden der Prostituierten waren, gemacht wurde – mit allen Risiken für die Betroffene. Die andere Möglichkeit war, das Kind auszutragen und bei Verwandten oder im Heim aufziehen zu lassen. Von einer der Prostituierten an der »Küste« wird erzählt, sie habe sieben solcher »Betriebsunfälle« gehabt.

Betrifft: Mündel Anja P▓▓▓

Von Ihrem Schreiben vom 15.5.68 erhielt ich durch meinen Anwalt Kenntnis.
Die Behauptung, Frl. P▓▓▓ habe innerhalb von 4 Monaten nur mit mir Verkehr gehabt, weise ich aus zurück und möchte dazu folgende Gründe anführen:
Frl. P▓▓▓ hielt sich von etwa Anfang Juli bis September fast jede Nacht in der SOS Bar auf, um dann mit verschiedenen männl. Gästen hinauszuziehen und nach einiger Zeit wiederzukommen, oder aber draußen auf der Straße zu stehen.
Sie ließ ihr Portemonnaie liegen und bat wiederholt, größere Zechen erst des frühen Abends erst später, wenn sie wiederkam, bezahlen zu dürfen. Sie äußerte vor dem Personal, daß ihre Eltern nichts von ihrer Beschäftigung wüßten, sondern in dem Glauben wären, sie arbeite in Bremen als Säuglingsschwester, deshalb wolle sie auch keinen Schein des Gesundheitsamtes. Ebenfalls sagte sie, 100 DM Verdienst die Nacht genüge ihr. Diese Angaben können folgende Personen vor Gericht beeiden:
Adressen: Marx
Willms, Regine.

Ich habe nur ein einziges Mal in betrunkenem Zustand mit Fräulein P▓▓▓ Verkehr gehabt.
Aus den angeführten Gründen bin ich nicht bereit, das Mündel Anja P▓▓▓ als mein Kind anzuerkennen.

H. Drescher

Bei einer ungewollten Schwangerschaft einer Prostituierten können viele Männer als Vater infrage kommen. Umso schwieriger ist es, einen von diesen als Verantwortlichen Erzeuger zum Zahlen zu bewegen, wie an diesem auf dem Bierblock dokumentierten Fall deutlich wird

Auch der Friseur machte ein gutes Geschäft – die Damen fuhren jeden Tag vor der Arbeit mit dem Taxi zu Fritze Bruns zum »Haare machen«

Fritze Bruns, wurden se dann mit Taxi hingefahren und dann zurück. Jeden Tag. Kämmen, Waschen … Da ist keine Frau – also – ungekämmt zur Arbeit gegangen. Alle jeden Tag bei Fritze Bruns, nur zum Haaremachen.

Hans-Günther Prigge: Es gab auch einige, die wuschen sich ab und zu mal die Hände, gingen in die Kneipe rein – besonders die Kneipen da neben der ehemaligen Polizeiwache 17 / Friedensstraße, bis zur Wiedstraße, da warn auch zwei, drei Baracken, aber das galt für die anderen Nutten, die da auf dem Strich da vor der Holzhafener Schule standen, zum Beispiel nicht.

Bardame: Es waren so einige manchmal, die dann bei mir schlafen konnten, wenn se dann mal irgendwo wieder rausgeflogen waren und auch nicht genug Mäuse hatten – dann durften sie auch ein paar Tage mal bei mir schlafen. Aber nur schlafen – die warn ja froh, wenn sie sich mal ausschlafen konnten und sich anständig duschen konnten.

Bernie Becker: Wo jetzt der Park ist, der Waller See ist – da warn so ungefähr bestimmt 30 Lauben, da ham die Mädchen gewohnt, viele gewohnt. So 40, 50 Mädchen ham da gewohnt.

Prostituierte: Da war ich wie Kind im Haus. Ich konnte tun und lassen, was ich wollte. Die ham gewusst, was los ist. Nun hatten die einen großen Schäferhund. Der

Das Bild zeigt Polizeibeamte vor der provisorischen Wache 16, die nach dem Krieg in einer Holzbaracke an der Utbremer Straße untergebracht war. Erst im November 1956 konnte das neue Polizeihaus am Wartburgplatz bezogen werden. Die Straßen des Vergnügungsviertels »Klein St.-Pauli« gehörten seit 1934 zum Distrikt des 17. Polizeireviers in der Nordstraße 300 / Ecke Bogenstraße, in dem zu diesem Zeitpunkt auch die Leitung des Polizeioberbezirks West ihren Sitz hatte. Ab April 1951 wurde das Revier 17 aufgelöst und in eine Nebenwache des 16. Reviers (genannt 16N) umgewandelt. »Haupteinsatzgebiet der Beamten der Nebenwache ist natürlich das Vergnügungsviertel, auch »Klein-St. Pauli« genannt. Der Zuständigkeitsbereich des 16. Polizeireviers erstreckt sich nun vom Oldenburger Bahndamm bis zum Waller Friedhof und vom Zollzaun am Hafen bis zum Maschinenfleet.« (aus der Broschüre »40 Jahre Polizeirevier Walle«)

hat unterm Schlafzimmerfenster – von Conny und Vincent – da hat er seine Hütte gehabt und wenn er an der Leine war – konnte er bis vor meine Tür, also Haustür und bis vor mein Fenster, und ich hab nie Theater gehabt. Die ham den Schäferhund gesehen und da warn se gleich ruhig. Und wenn ich Geld gekriegt hab, dann hab ich das Geld genommen, ich sach: »Ich komm gleich wieder.« Ich raus, ich sach: »Arco, schön aufpassen« – unter seine Matte. Das war mein Zuhälter.

Zuhälter?

Bardame: Die dann schon mal so 'nen Zuhälter hatten – und sind dann so abgetakelt worden und standen vor einem Nichts. Das passierte oft. Vor allem wenn die so jung und ein bisschen dumm warn und warn verliebt in den Mann. Der wusste das denn so auszunutzen. Also, so was gab es viel.

Hannelore Dopmann: Als Zuhälter wird keiner geboren – ein Zuhälter wird von den Frauen gemacht.

Nicht alle konnten sich den täglichen Friseur leisten. Diese Damen frisieren sich mit Bordmitteln am Küchentisch

Gepflegtes Parzellenhaus in den 50er Jahren in Walle. In ähnlichen Bauten mit oft weit weniger Komfort wohnten und hausten viele der Prostituierten bis weit in die 60er Jahre

Drei Herren im »Nordlicht«. Im Hintergrund der in dieser Zeit in vielen Gaststätten übliche Schrank mit Sparfächern für die Stammgäste

> Auf die Frage, welchen praktischen Nutzen die Zuhälter für die Frauen hätten, gab es im Interview mit Hannelore Dopmann herzliches Gelächter und dann folgende Erklärung, wie die Frau den Mann zum Zuhälter mache: Grundsätzlich hätte der Zuhälter keinerlei Nutzen. Meist sei dieser Mann ein mehr oder weniger begehrenswerter Typ, mit dem die Prostituierte eine Beziehung anfange. In der Folge ergäbe sich ein großes Einkommensgefälle, da sie sehr viel, er nichts oder einen normalen Lohn verdiene. Von ihrem großen Verdienst würde sie ihm dies und das schenken, mal ein Goldkettchen, mal ein Auto. Nach einiger Zeit würde der Mann aufhören zu arbeiten, sich an ihre großen Verdienste gewöhnen und allmählich anfangen, ihre Einnahmen zu kontrollieren und einzukassieren. Ein erfahrener Zuhälter würde sich oft mehrerer solcher »Freundinnen« bedienen und sie auch gegeneinander ausspielen. Im schlimmsten Fall würde er sich dann auch noch eifersüchtig und / oder gewalttätig in ihre Geschäftsbeziehungen zu den Freiern einmischen.

Hermann Uhlhorn: Wenn die 'nen Zuhälter ham, dann wird gesoffen, dann will er noch ein Auto haben, dies und das.

Bernie Becker: Und welche warn ja so doof, wie das so kriminell wurde mit der Zuhälterei. Der musste 'n Jagdzimmer haben und der 'n Opel Kapitän fahrn und denn wollten se immer höher! Und das kostet doch alles Geld.

Prostituierte: Ich hätte nie 'nen Zuhälter ernährt. Man hat es versucht, als ich nach Bremen kam. »Waltraud, du bist doch alleine und hast du keine Lust?« Und ich sag: »Ja, schön, aber jeden Morgen, bevor du zur Arbeit gehst, kriegste den ›Weser-Kurier‹ und wenn du nicht arbeitest – denn kreuz ich Stellenangebote an … und dann kannste 'nen Kaffee kriegen.« Die ham das ein paar Mal gefragt. Nachher nicht mehr.

Anita Jerzenbeck: Nachher war ich auch irgendwie davon überzeugt, dass diese Frauen aber wichtig waren. Ganz, ganz wichtig. Sonst hätte es auf der Straße anders ausgesehen. Da warn sogar sehr, sehr viele Frauen aus Walle dabei, die Hausfrauen warn. Die aber, um die Schulden abzutragen, in diese Nebenbetätigung reingegangen sind. Die haben das zum größten Teil, also zwei Drittel haben das mit Sicherheit nicht gemacht aus lauter Lust. Viele haben das auch gemacht, weil sie nicht wussten, wie kann ich das kleine Reihenhaus, das in

Nachts vor der »Arizona-Bar«

Seite 101: Taxi, Frisör, Pelzmantel, Schmuck – die Damen verdienten viel Geld und viele gaben es mit vollen Händen wieder aus

Nur wenigen lag das Sparen. Bernie Becker: »Clarissa, die hatte so 'ne Klappe hinter sich gemacht in der Stube, und denn schmiss die immer das Geld, was sie kriegte, da rein, und unten hatte sie den ganzen Kellerraum ausgebaut gehabt, da rutschte das runter. Und sie hatte so 'ne Bunkertür davor gemacht. Und wie sie verstorben war, also da hatte ihr Sohn dann das Ganze, die Zigtausend von Mark da gefunden.« Einige der Prostituierten schafften irgendwann den Schritt aus dem Milieu durch eine Heirat. Manche gingen mit ihrem Mann als solide Frauen nach Amerika. Nur von ganz wenigen wird erzählt, dass sie die teilweise großen Verdienste gut anlegten und dafür nutzten, sich ein Haus zu kaufen oder sich um andere Alterssicherungen zu kümmern

Walle gebaut wurde, wie kann ich das abzahlen? Und die Männer warn informiert darüber und die Männer ham zum Teil die Frauen da auch noch hingebracht und das warn zum Teil als Zuhälter auch die eigenen Ehemänner.

Bardame: Wie nannte man das? Meine Frau ist Nymphomanin. Dann wird er nicht als Zuhälter – ja, das ist fies –, weil die braucht so viel Männer. Unter diesem Deckmantel lief früher viel.

Hermann Uhlhorn: In der »Bambus-Bar« sitzt die, weil's draußen kalt war, trinkt 'nen Mokka, dann kommt der Zuhälter rein: »Was fällt dir ein? Komm raus! Du weißt, dass wir morgen bezahlen müssen.« Ich konnte nichts sagen, dann hatte ich wieder Theater.

Regine Griffiths: Die Prostituierten, die in der »SOS-Bar« oft saßen, hatten keine Zuhälter. Die konnten ihr Geld mit nach Hause nehmen, aber ich hab damals schon sehr schnell gemerkt, dass die das Geld mit vollen Händen wieder ausgegeben haben. Taxi fahren, Frisör, Schmuck kaufen – ich hab gedacht: nu verdienen die hier so viel Geld und haben nichts in der Hand.

Prostituierte: Man muss 'n bisschen auf sich achtgeben – also – ich sah nicht schlecht aus, so ist das nicht, oh nö, ich hab immer 'nen Hut getragen, immer. Und immer 'nen passenden. Keine billigen – Meyser-Hüte. … Und wenn wir dann einen getüddelt haben – Maria und ich –, sind wir zur Weser hoch und haben den Hut … und *(pfeifft)*, weg war er … ins Wasser geschmissen … wir ham uns totgelacht. Verrückt, ne?

Linke Seite: Verführerisch im Stil der 60er. Aus einer Fotoserie vom 3. März 1965

103

Manche Damen ließen sich von Carla Bockholt nackt oder in wechselnden Inszenierungen fotografieren. Hier zwei Beispiele aus ihrer Sammlung

Die Banditen

»Was soll das hier eigentlich: immer mehr Geld,
immer mehr Geld, immer mehr Geld?«

Peter Benje

Von kleinen Leuten mit eigenen Gesetzen, der großen Familie und drastischen Ausschreitungen

Zusammenhalt …

In der mündlichen Überlieferung ist immer wieder von dem tollen Zusammenhalt an der »Küste« die Rede. »Wir waren alle wie eine große Familie« – fast in jedem Interview mit den Zeitzeugen kam dieser Satz vor. Diese Einschätzung lässt sich nicht allein mit dem verklärenden Blick auf die Vergangenheit erklären. Sie gibt auch einen Hinweis auf die als familienähnlich empfundene Struktur innerhalb der »Küsten«-Gemeinschaft, die für viele Gestrandete das einzige soziale Netzwerk war. In ihr herrschten eigene Regeln und Machtstrukturen. Die Gruppe grenzte sich gegen die Außenwelt ab und bot ihren Mitgliedern einen gewissen Schutz, solange das gemeinsame Ziel nicht in Gefahr geriet. Es ging darum, jeden Gast gemeinschaftlich und möglichst umfassend auszunehmen. Klar, dass man sich gegenseitig half, solange es für alle reichlich zu verdienen gab.

»Das war eine riesengroße Familie – auch die Mädchen, wir haben die abends oder nachts an Bord gefahren und denn wieder abgeholt, ob das bei Röchling war oder sonst wo. Und denn die Amis, da sind se manchmal länger geblieben beim Mädchen, und denn ist der Dampfer schon rausgefahren, und dann haben wir die Leute hinterhergefahren, nach Bremerhaven, nach 'er Lotsenversetzstelle. Du warst ja mit dem Wagen schneller als der Dampfer, und denn hatten se kein Geld mehr, denn haste denen noch 'n paar Mark gegeben. Oder du musstest in der Kneipe noch was bezahlen, oder die Alte, wo er war, da hatte er noch was versprochen. Denn gabst du das hin, das kriegtest du wieder, weil du die ja kanntest. Die kamen gleich bei der nächsten Reise wieder. Du brauchtest auch keine Angst haben, dass du das nicht wiederkriegst, auch vonne Mädchen. Die kamen ja auch manchmal ganz abgewrackt an und hatten kein Geld mehr oder waren besoffen und sind nach Hamburg gefahren und denn mussten se zurück und hatten kein Geld. Das war alles so kollegial. […] Ich hab immer alles verschenkt. Ich konnte nie einen weinen sehen. Ich konnte nie einen sehen, wenn er kaputte Schuhe hatte.« (Bernie Becker)

Eine besonders schöne und ausführliche Beschreibung der Zusammenarbeit der »Goldgräber« findet sich in den Akten der Polizei, wo die verschworene Gemeinschaft zwischen Prostituierten und Mietwagenfahrern wie folgt geschildert wird:

»[…] so kam es auch, daß sich hier Mietwagenunternehmen von mehreren Personengruppen bildeten, die seitens des Reviers als unsaubere Konkurrenzen zum bestehenden Droschkengewerbe angesehen werden müssen. Die Strichmädchen, welche in den Lokalen verkehrten, waren die besten Handlanger für diese Mietwagenunternehmer. […] Der Polizei ist mehrfach bekannt geworden, daß sowohl die Unternehmer der Lokale als auch die Strichmädchen von den Mietwagenfahrern kostenlos befördert wurden. Dieses dürfte nur dadurch möglich gewesen sein, daß für andere Fahrten höhere Sätze von den Fahrgästen abverlangt wurden, als es ein Droschkenfahrer auf Grund des Führens einer

Eine große Familie – eine verschworene Gemeinschaft: Hier die Pächterin der »Koralle«, Anni Muhle und Bärbel, die zusammen mit einem Herrn namens Adi die Wurstbude an der Leutweinstraße betrieb

Bernie Becker und ein Kollege auf der Stoßstange seiner Taxe hinter dem »Golden City« in der Wißmannstraße. Auch in der dunklen Baracke im Hintergrund wohnten Prostituierte. Hinter der Baracke die Gaststätte »Wehage«

Taxenuhr und der im allgemeinen festgesetzten Preise für ein Mietwagenunternehmen tun konnte. Gesprächsweise wurde bekannt, daß oft Seeleute bei den Mietwagenunternehmen für eine Fahrt, für die der Droschkenunternehmer DM 5,80 bis 6,– laut Nachweisung der Uhr nahm, bis zu 12,– bezahlen mußten. [...] Anfang Oktober des Jahres gründeten die Brüder Hans und Waldemar Wieczoreck unter dem Decknamen der Ehefrau des Hans Wieczoreck das Mietwagenunternehmen »Weserruf«. Einige Mietwagenunternehmer, die bisher unter dem Zusammenschluß des Heinz Hermann Gerdes gefahren waren, trennten sich von diesem, weil Gerdes für die Bereitstellung des Platzes von diesen ein Kilometergeld nahm, welches ihnen sehr hohe Unkosten bereitete, und schlossen sich dem Wieczoreck an. Sie benutzten die Nordstraße als Halteplatz und bauten ihr Telefon in den Wurststand an der Ecke Nordstraße / Leutweinstraße ein. Gegen alle 10 Unternehmer wurde Strafanzeige vom Revier gefertigt, weil hierin ein offensichtlicher Verstoß lag, der nach Ansicht des Reviers auch schon im Gerdischen Betrieb liegt, und zwar nach dem Personenbeförderungsgesetz, worin es heißt, daß der Mietwagenunternehmer seinen Wagen von seiner Wohnung aus abrufbereit halten muß. [...] Bei diesem Geschäftsgebaren ist jeder darauf bedacht, den größtmöglichen Gewinn – ob auf ehrliche oder unehrliche Art

In ihrem Album notierte Carla Bockholt unter diesem Foto: »Karina (Diebin)«

und Weise – zu erzielen. Es ist doch so, daß die dort verkehrenden Seeleute und die, die einmal etwas erleben wollen, ausgesogen werden bis zum letzten Pfennig. Ob diese Geschäftsgepflogenheiten auf die Dauer gesehen für eine Hafenstadt ein gutes Renommee hinterlassen, möchte ich bezweifeln.«

Aus einem Polizeibericht vom 13. November 1953

… und Ausbruch aus der Ordnung

Neben dem gepriesenen Zusammenhalt war auch der Ausbruch aus der allgemeinen Ordnung in Sachen Sitte und Anstand prägend für die Stimmung an der »Küste«. Die amerikanischen Soldaten liebten dort nicht nur die deutschen Frolleins, sondern auch die Möglichkeit, der engen militärischen Disziplin zu entkommen und hemmungslos zu feiern. Mit dem Eintritt ins »Golden City« oder in eine der anderen Bars wurden die gesellschaftlichen Verhaltensnormen und Hierarchien abgelegt. Vor der Theke waren alle gleich: Arm und Reich (sein Bier sollte man natürlich bezahlen können!), Schwarz und Weiß, Mann und Frau lebten hier eine ganz eigene Ordnung. Hier wurde »auf Augenhöhe« gesoffen und gehurt, waren Selbstdarsteller mit markigen Sprüchen und Körperkraft, herrische Matronen oder aufreizende Diven die Helden. Die Lokale waren Orte für Outlaws, für pfiffige Schmuggler und »gefallene Mädchen«. Evi und Michael Gerdes berichteten zum Beispiel von einem Liliputaner namens Eddie, der sich im »Golden City« wohlfühlte, »weil auch alle anderen so ›anders‹ waren«.

Vor der Theke sind alle gleich: »James Dean-Verschnitt« und Dame im Eingang des »Golden City«

Gruppenbild mit Dame(n) in der »Bambus-Bar«

109

Der damalige Student Peter Benje, ging mit seinem Kollegen in die »Küsten«-Kneipen, um die »Abgründe des Wirtschaftswunders« zu studieren, aber auch, um dort die unkonventionelle Atmosphäre zu genießen. Beides zusammen war für ihn auch eine Vorbereitung auf die Studentenbewegung.

Anna Maria Pedron berichtet in ihrem Buch »Amerikaner vor Ort«, dass die Vergnügungslokale als Orte der Grenzüberschreitung und der Freiheit von Klassen- und Rassenvorbehalten sogar einen Einfluss auf die afroamerikanischen Soldaten gehabt hätten, die mit einem neuen Selbstverständnis in ihre teilweise noch von Rassendiskriminierung bestimmten Heimatorte in Amerika zurückgekehrt wären.

Ausschweifungen ...

Die Freiheit von Konventionen und das Überschreiten moralischer Tabus in der von spießigen Ordnungsvorstellungen und Lustfeindlichkeit geprägten Wirtschaftswunderwelt brachte an der »Küste« auch viele destruktive Norm- und Gesetzesüberschreitungen mit sich, schließlich waren ausschweifende Partys und damit die Flucht aus dem Alltag meist Ziel des Besuches. Auch die Belegschaft gab sich oft in großem Stil der Feierlust hin und war meist selbst bester Kunde an der Bar. So wurden gegenseitiges Übers-Ohr-Hauen beim Geschäftemachen in Kauf genommen, wusste man doch, dass es ohnehin keine Instanz gegeben hätte, bei der sich erlittene

Ausschweifende Partys und damit die Flucht aus dem Alltag waren meist Zweck des Barbesuches in der von spießigen Ordnungsvorstellungen und Lustfeindlichkeit geprägten Wirtschaftswunderwelt

Schäden hätten einklagen lassen. Oder wie es eine der ehemaligen Prostituierten ausdrückte: »Du musstest extreme Gewinne machen, weil du auch extreme Verluste machtest, weil eben alles in Form von Beschiss ablief.« Bis zu einem gewissen Punkt nahm man es deswegen auch mit dem gegenseitigen Eigentum nicht so genau. Solange der eigene Gewinn nicht gefährdet war, konnte ein Barbesitzer natürlich auch leicht »fünfe gerade sein lassen«, wie Bernie Becker berichtet:

»Und Hermann Lübbering, wie der »Hafen-Casino« hatte, der wusste genau, wenn er vorne drei Käse reinbringt und zehn Pfund Kartoffeln für seinen Laden und 1000 Flaschen Schnaps, der wusste genau, dass hinten der Koch schon wieder 23 Flaschen verscheuert hat und zwei Käse von den dreien. Die wussten, dass se beklaut werden.«

Auf jeden Fall durfte man untereinander nicht zimperlich sein, und manche Späße besonders gegenüber Neuankömmlingen waren für die Betroffenen sicherlich demütigend, wie Bernie Becker hier über einen »Streich« von ihm und seinen Kollegen erzählt: »Denn waren die Mädchen unwissend, denn kamen die an und kriegten ja ihren Bäckerschein, so 'n Gesundheitspass, dass se anschaffen dürfen. Und dann haben wir die untersucht, mit 'm Zollstock schön. Und so bei uns aufn Tisch gelegt und denn hier drei Zentimeter und so vier Zentimeter, bis die denn getobt haben von der Sitte, sind reingekommen: »Seid ihr denn bekloppt!!« Wir hatten 'nen

Fahrradfahrer vor dem »Hafen-Casino« in der Tilsiter Straße am 3. März 1971

Ino Wäsch berichtet: Einmal hab ich den Mann von Hannelore Ritchie beim Einbrechen ins »Krokodil« erwischt. Die sind über ein Ölfass eingestiegen und dabei da reingetreten. Nachher konnte man ihre Spuren bis zum »Hafen-Casino« verfolgen. Aber Hermann Lübbering hat dann zu mir gesagt: »Lass sie man, die versaufen das doch sowieso gleich wieder bei mir.«

Kühlungsblock [Bestellblock] genommen. Oben das abgemacht und dann alles aufgeschrieben, dass se fähig sind zu arbeiten…«

Doch geht der Spaß daneben, wird es bekanntlich Ernst, und mitunter begannen diejenigen, die sich gerade noch in Alkoholseligkeit verbrüdert hatten, kurz danach eine wilde Schlägerei und bekämpften sich bis aufs Messer. Spätestens dann war die Auflösung gesellschaftlicher Ordnung besonders für Außenstehende, die die ganz eigene Hierarchie im Haifischbecken des Rotlichtmilieus nicht durchschauten, gefährlich, wie der »Weser-Kurier« vom 7. November 1959 schildert:

»Es ist kein Geheimnis, daß es eine eigene Obrigkeit an der Küste gibt. Eine Dame mit dem Spitznamen ›Betriebsrat‹ schlichtet die Streitigkeiten unter den Mädchen, die ohne Hafenluft nicht leben können. Ein anderes Hafenmädchen, das ›Macky mit dem feststehenden Messer‹ genannt wurde, weil sie stets einen Dolch bei sich trug, machte durch ihre Bärenkräfte von sich reden. Es war stärksten Männern in Prügeleien ebenbürtig, wenn nicht sogar überlegen, so daß die Polizei ihre Opfer schützen mußte.«

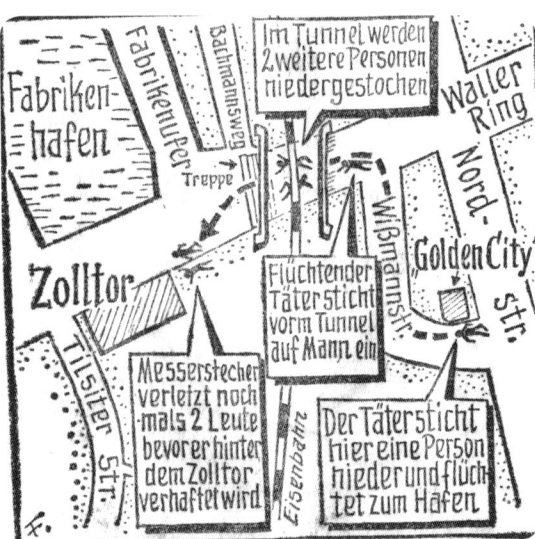

Undatierte Zeichnung aus dem »Weser-Kurier«, mit der die Flucht eines Messerstechers vom »Golden City« Richtung Zolltor dargestellt wird (wollte er zurück zu seinem Schiff?). Ob der Fall aufgeklärt wurde, ist nicht bekannt

…und Ganovenehre

Der Zusammenhalt war am stärksten, wenn eine Störung der Geschäfte von außen drohte. Die Beobachtung von Regine Griffiths (und mehreren anderen Zeitzeugen):

»Ich hatte den Eindruck, es passt auch jeder auf jeden auf«, bezog sich vermutlich sowohl auf die gegenseitige Hilfe in Notsituationen als auch darauf, dass die »Familie« vor allem eine verschworene Beutegemeinschaft war, die, natürlich mit einer gewissen Ganovenehre, ungeheure Einnahmequellen zu verteidigten hatte. Kam die Polizei oder die Sitte, hielt das Milieu zusammen wie Pech und Schwefel. Auch die Seeleute als Gäste waren ja bekannt dafür, die Autorität der Obrigkeit an Land nicht zu ernst zu nehmen, denn ihnen war der Kapitän der »Master next to God« – und der saß zuweilen sogar mit am Tresen. Die Polizei hatte den schwierigen Auftrag, das Milieu zu kontrollieren und die schlimmsten Auswüchse zu verhindern. Diesem Auftrag waren die Ordnungshüter nicht annähernd gewachsen, wie einige der in diesem Kapitel zitierten Polizeiberichte zeigen. Die Lokale wurden selbst als Schwarzbauten geduldet, Prostitution war nicht verboten, und allen Behörden war klar, dass die vielen tausend Seeleute möglichst nah am Hafen aufgefangen und ihre Bedürfnisse befriedigt werden mussten. Zudem war die »Küste« ein wichtiger wirtschaftlicher Faktor für Walle und die Stadt Bremen. Und so kämpften die Polizisten tapfer, aber recht wirkungslos mit Anzeigen wegen Verschmutzung beim Wegwerfen von Kondomen gegen

Hier sehr schön präsentiert: Das Schirmchen gehörte offenbar zu den Dekoartikeln, die von der Fotografin besonders zu Sylvester eingesetzt wurden

Geschlechtsverkehr in der Öffentlichkeit, mit Durchfahrtsverboten für Wohnstraßen gegen den Straßenstrich und mit der Kontrolle der Gesundheitskarte der Prostituierten gegen die Übertragung von Geschlechtskrankheiten, wie die folgenden Geschichten belegen.

Kellner Rudi Jokisch (rechts) mit Gästen im »Golden City«

Zeitzeugen erzählen

»Ja, das war eine Blüte. Oh, oh, oh«

Rolf Braack

»War 'ne schöne Zeit«

Eine Prostituierte

»Das war 'ne schöne und die beste Zeit – die gibt's nicht wieder und die kommt auch nicht wieder«

Bernie Becker

»Ach, herrlich – gemütlich« Eine Prostituierte

»Ja, es war schon eine besondere Zeit« Regine Griffiths

»Is doch wahr ... hör doch auf ... nee, nee« Eine Prostituierte

Hans-Günther Prigge: Es war nachts nichts los in Walle – gar nichts. Da freute man sich, wenn man mal irgendwo 'ne Lampe hatte, die nicht brannte und die man melden konnte. Und Straftaten gab es nachts so gut wie gar nicht. Aber dann wurde das immer mehr und steigerte sich erheblich.

Bardame: Wenn mein Vater mal viel getrunken hatte …, die Polizei war auch immer bereit, das Auto als Zweiter mit nach Hause zu bringen, damit sie den Führerschein nicht verlieren. Also, so was gabs früher auch schon. Also, die warn auch sehr human – die Polizisten.

Bernie Becker: Du wurdest ja manchmal schon inner Einbahnstraße, wenn de die Mütze falsch rum aufhattest, dann wurdeste ja schon verdonnert.

Hermann Uhlhorn: Junge, Junge – da ham die geklaut.

Hans-Günther Prigge: Den Gummiknüppel in die Hand genommen habe ich ziemlich oft da. Das war einfach erforderlich. Das war schon so: »Komm, wenn ihr hier jetzt nicht gerade geht, dann passiert was anderes!« So musste man sich verhalten. Die waren ja fast alle betrunken. Die waren ja jetzt nicht zu behandeln wie einer, der nüchtern ist. Da muss man aber auch ein bisschen mit Verständnis haben. Die Pistole hab ich aber nie gebraucht.

Hans-Horst Forster: Und die Leute fühlten sich natürlich belästigt.

Aus einem Polizeibericht 1954: Der gesamte Betrieb in den obskuren Lokalen ist auf Seeleute, neugierige Provinzler, Dirnen und fragwürdige Existenzen zugeschnitten. […] Schlägereien, drastische und unflätige Schimpfwörter und Diebstähle sind hier an der Tagesordnung, Nepp und freche Animierversuche gehören mit zum Geschäftsbetrieb. Jeder Bürger, der sich dieses Viertel studienhalber einmal ansieht, wird nach einem einmaligen Besuch ein leichtes Grausen nicht abschütteln können, und nur widerstrebend wird er einem bei ihm zu

Anfang der 50er Jahre freuten sie sich noch, wenn mal wieder irgendwo eine Lampe nicht brannte, die man melden konnte, doch dann bekamen sie an der »Küste« reichlich zu tun … Polizeibeamte des 16. Reviers an der Ecke Waller Ring / Nordstraße. Nebenstehend ein Verkehrspolizist, wahrscheinlich auf der Kreuzung Waller Ring / Waller Heerstraße

Abschrift.

Anlage zum Bericht des Stadt- und Polizeiamtes
- P. 528/53 - vom 1.12.1953

In den Lokalen des jetzigen Vergnügungsviertels "Klein St.Pauli" ist in der Zeit vom 1.1. bis 11.11.1953 bzw. vom 1.6.1952 bis 31.10.1953 wegen folgender Straftaten pp. polizeilich eingeschritten worden:

"Golden City", Nordstr. 348/56
in 103 Fällen wegen Körperverletzung, Schlägerei, Verdachts der Geschlechtskrankheit, Diebstahls, Trunkenheit, Bettelns, Zechbetrugs, Fahrraddiebstahls, Sachbeschädigung, ruhestörenden Lärms und Hausfriedensbruchs.

"Hawai Bierbar", Nordstr. 359
in 80 Fällen wegen Sachbeschädigung, Körperverletzung, Diebstahls, Zechbetrugs, Beleidigung, Hausfriedensbruchs, Schlägerei, Fahrraddiebstahls, Taschendiebstahls und Vorführungen bzw. Festnahme von Strichmädchen.

"Schlüsselboje", Waller Ring/Nordstraße
in 44 Fällen wegen Beleidigung, Diebstahls, Fahrraddiebstahls, Trunkenheit, Schlägerei, Rückführung von 2 Tbc.-kranken Strichmädchen und Personalienaustausches.

"St.Pauli", Nordstr. 340
in 18 Fällen wegen Diebstahls, Zechbetrugs, Schlägerei, Sachbeschädigung, Fahrraddiebstahls und Hilfeleistung.

"Elefant", Nordstr. 365
in 61 Fällen wegen Zechbetrugs, Diebstahls, Fahrraddiebstahls, ruhestörenden Lärms, Sachbeschädigung, Widerstandes gegen die Staatsgewalt, Schlägerei, Hausfriedensbruchs, Trunkenheit, Körperverletzung, Beleidigung, Amtsanmaßung, groben Unfugs und Personalienaustausches.

"Alte Liebe", Leutweinstr. 11
in 21 Fällen wegen Schlägerei, Diebstahls, Fahrraddiebstahls, Zechbetrugs, Trunkenheit, Hausfriedensbruchs, Körperverletzung Sachbeschädigung und Widerstandes gegen die Staatsgewalt.

"Bruno Mosig", Nordstr. 360
in 11 Fällen wegen Diebstahls, Fahrraddiebstahls, Zechbetrugs, groben Unfugs, Schlägerei und Hilfeersuchens.

"Blaue Maus", Nordstr.
in 8 Fällen wegen Diebstahls, Körperverletzung, ruhestörenden Lärms und Fahrraddiebstahls.

"Stern-Bar", Leutweinstr. 7
in 13 Fällen wegen Zechbetrugs, Trunkenheit, Körperverletzung und Fahrraddiebstahls.

-2-

- 2 -

"Viermaster", Leutweinstr. 9

in 8 Fällen wegen Beleidigung, ruhestörenden Lärms, Trunkenheit, Hausfriedensbruches, Schlägerei, Beleidigung und Messerstecherei.

"Bambus-Bar", Leutweinstr. 2

in 21 Fällen wegen Sachbeschädigung, Körperverletzung, Hausfriedensbruches, Betrugs, Zechbetrugs, Diebstahls und Schlägerei.

"Krokodil", Nordstr. 371/73

in 6 Fällen wegen Fahrraddiebstahls, ruhestörenden Lärms, Schlägerei, Verdachts der Kuppelei und Sachbeschädigung.

"Arizona", Nordstr. 342

in 12 Fällen wegen Diebstahls, ruhestörenden Lärms, Zechbetrugs, Sachbeschädigung, Hausfriedensbruchs, Beleidung und Schlägerei.

"Nordlicht", Nordstr. 342

in 7 Fällen wegen Betrugs, Zechbetrugs, Schlägerei und Hausfriedensbruchs.

"Störtebecker", Nordstr. 326

in 4 Fällen wegen Zechbetrugs, Körperverletzung, Diebstahls und Verdachts der Unterschlagung.

"Hummelboje", früher "Pinguin", Nordstr./Friedenstr.

in 3 Fällen wegen Zechbetrugs und Fahrraddiebstahls.

"Jeannette", Nordstr./Wiedstr.

in 2 Fällen wegen versuchten Einbruchdiebstahls und Fahrraddiebstahls.

Schießbude von Renoldi, Leutweinstraße

in 3 Fällen wegen Diebstahls und Trunkenheit.

"Automatenhalle", früher "Lili Marlen", Leutweinstr. 5

in 7 Fällen wegen Diebstahls, Zechbetrugs, Hausfriedensbruchs, Sachbeschädigung und Beleidigung.

"Mutti Weiß", Wißmannstr. 16

in 12 Fällen wegen Fahrraddiebstahls, Diebstahls, Trunkenheit, Schlägerei, Zechbetrugs und Hausfriedensbruchs.

"Wehage", Wißmannstr. 11

in 1 Falle wegen Fahrraddiebstahls.

"Zillertal", Bremerhavener Str./Waller Ring

in 10 Fällen wegen Körperverletzung, Zechbetrugs, Schlägerei, Hausfriedensbruchs und Trunkenheit.

"Koralle", Waller Ring 1/3

in 6 Fällen wegen Schlägerei, Hausfriedensbruchs und Hilfeersuchens.

- - -

Anlage zum Bericht des Polizeipräsidenten von Bock und Pollach in Sachen »Vergnügungsviertel« vom 1. Dezember 1953. Aufgeführt sind 461 Straftaten, die im Zeitraum zwischen Oktober 1952 und Dezember 1953 in und um die verschiedenen Lokale an der »Küste« registriert wurden. Mit über einem Viertel aller Fälle zwischen Körperverletzung, Zechbetrug, Verdacht auf Geschlechtskrankheit und Fahrraddiebstahl, bei denen die Polizei einschreiten musste, liegt das »Golden City« eindeutig an der Spitze der »gefährlichen« Orte

Er hatte oft »Theater« – Hermann Uhlhorn (l.) mit Gast in der »Bambus-Bar«

Besuch weilenden Gast nachkommen und mit ihm das weit über Bremens Grenzen hinaus berühmt-berüchtigte »Klein-St. Pauli« aufsuchen. Mancher Seemann, der mit wohlgefüllten Taschen eines dieser Lokale betrat, wankte nach einigen Stunden wilden Zechens nur mit Unterhemd und -hose bekleidet seinem im Hafen liegenden Schiff zu. In vielen Fällen muß die Polizei verschwundene Uhren, Mäntel und Geldbörsen sowie Brieftaschen von unvorsichtigen Besuchern wieder herbeischaffen.

»Klar sind da auch schlimme Sachen passiert«

Aus dem »Weser-Kurier« vom 7. November 1959: Seit dem ersten Januar 1957 waren in 17 der meistbesuchten Hafenlokale und Bars 1224 Einsätze nötig, davon 302 in diesem Jahr. Vor einem der größeren Lokale mußten die Rolandwagen in diesem Zeitraum allein 243 Mal vorfahren und sich mit Tatbeständen befassen, die an der Küste alltäglich sind: Schlägerei, Messerstecherei, Zechbetrug, Hausfriedensbruch, Sachbeschädigung, Hilfeersuchen...

Aus einem Polizeibericht 1954: Im letzten Jahr sind in der Nebenwache 660 Arrestanten untergebracht und über 1600 Berichte fast sämtlicher Straftaten gefertigt worden. Auf das im Revierbereich wohnende Publikum entfällt nur ein geringer Teil dieser Anzeigen.

Hermann Uhlhorn: 'n Kellner im »City« – hat da Theater. Ich werd angerufen, komm von der »Bambus-Bar« rüber. Ich regel das und sag zu dem Kellner: Sei 'n Sie vorsichtig. Geh rüber, bin gerade wieder in der »Bambus-Bar«, werd ich angerufen, muss ich wieder rüber. Hat der dem die Flasche ins Gesicht gehauen, dem Heinz Hönken. War 'n Japaner, oder Chinese, weiß ich nicht. 'ner Flasche den Kopf abgehauen, voll ins Gesicht rein. Hingen dem die Lappen runter. Hab ich den rübergebracht nach Doktor Schäfer, war gleich gegenüber der Unfallarzt.

Bernie Becker: Jonny Heisse, hat da 'nem Macker 'n Messer in 'n Bauch gejagt, denn hat er 'ner Ratte den Kopf abgebissen im »Golden City«. Die warn alle irgendwie verrückt durch den Suff. Nicht arbeiten und nur besoffen sein – geht doch auch nicht. Ich hab gesoffen, aber gearbeitet. Musst ja 'ne Pause zwischen einlegen immer...

Und ganz schlimm waren die von der Fischerei, aus Vegesack kamen die, die waren ja bekloppt, wenn du da an Bord kamst, dann sahst du schon die Kammer, wie das aussah – und so haben die auch die Frauen behandelt, wenn se besoffen waren. Aber ist ja gut, dass es solche Frauen gab, wenn nämlich die nicht gewesen wären, hätten se andere angefallen. Wenn die fünf, sechs Wochen da draußen waren, die waren wie irre.

Erwin Krüger – in seinem Laden benahmen sich die Zuhälter wie »Chorknaben«: Die größte Schlägerei meines Lebens. Die ist angefangen im »Golden City«. Ich weiß nicht, wer da gerade hinter dem Tresen war. Dem ham se erst mal die Rollmöpse übern Kopf gehauen, dann ham die sich gewichst bis drüben aufe andere Straßenseite und bei der »Bambus-Bar« – da ham se ja damals noch aufgestockt – die ham oben aufm Gerüst haben se sich weiter gehauen. Jeder gegen jeden. Zuletzt wusste keiner mehr, worum das eigentlich ging.

Bernie Becker: Wir hatten hinten die Bude. Da hat der Willi Detloff immer Zweimarkstücke gedruckt da ... Falschgeld – ja – jede Menge! *(ungläubige Nachfrage: Zweimarkstücke?)* Ja. Zweimarkstücke und Fünfmarkstücke ... Die haben Norweger mitgenommen – mit den kleinen Kümos, die immer im Holzhafen gelegen haben – säckeweise – und haben das dann oben in Dänemark, Norwegen haben die das umgetauscht ...

Regine Griffiths: Und es ist ja auch der ein oder andere Mord passiert. Zum Beispiel, als Gitta ermordet wurde. Das war eine Frau, die war mit einem Farbigen verheiratet – die ging auch nur mit Farbigen ihr Geld verdienen. Und die lag dann irgendwann in einem Auto abgestellt auf dem Hillmannparkplatz. Und bei diesem Haushaltsladen an der Ecke wurde dann eine Puppe aufgestellt, was sie zuletzt anhatte. Ja, und dann wurden Aussagen gesucht, wer denn diese Person vielleicht zuletzt gesehen hatte.

Bernie Becker: Klar sind da auch schlimme Sache passiert. Der einen ham se die Brust abgeschnitten da, die Brustwarzen – das hat 'n Fernfahrer gemacht ... und die Elfie, die haben sie hier doch verbrannt auf dem Gelände von der A.G. »Weser«, die eine haben sie bei Röchling mit so 'nem Baum über Bord gehangen, außenbords gehangen – ist der Tampen gerissen im Winter ...

Regine Uhlhorn passte in der »Bambus-Bar« auf, dass ihr Mann Herrmann nicht betrogen wurde: Das Schlimmste war, wenn die Frauen Streit untereinander hatten. Die werden richtig zu Hyänen. Und so nett und so freundlich und so schick, wie die sich machen, wenn die den Mund aufgemacht haben – konnteste alles vergessen.

Der Umgang mit Geschlechtskrankheiten

Aus einem Polizeibericht 1954: Durch die vielen in diesem Lokal verkehrenden Strichmädchen, die durch ihren hwG-Verkehr [häufig wechselnder Geschlechts-

Hafenmädchen starb nach Silvesterfeier

Ein böses Ende nahm die Silvesterfeier an Bord des Frachters „Atlas Hugo Stinnes" (3200 BRT), der zur Zeit an der Massengutumschlaganlage im Kohlenhafen liegt. Zusammen mit Matrosen war am Silvesterabend eine 48 Jahre alte Prostituierte aus Bremen mit an Bord gegangen. Beim Abschied am Neujahrsmorgen gegen 3 Uhr erlaubten sich die Seeleute den makabren Scherz, die Frau an ihren Kleidern über Bord zu halten. Dabei rutschte sie den Matrosen aus den Händen und fiel ins Wasser. Obwohl sie bereits kurze Zeit später geborgen werden konnte, war die Frau bereits tot.

Ob Bernie Becker den in diesem undatierten Zeitungsausschnitt aus dem »Weser-Kurier« dokumentierten Fall meint und die besonderen Umstände durch mehrmaliges Erzählen »weiterentwickelt« wurden oder ob es noch einen anderen Fall gab, bei dem tatsächlich der Tampen riss, an dem eine Frau aufgehängt worden war, ist nicht bekannt ...

Ein sehr junges Mädchen mit afroamerikanischem Gast in der »Bambus-Bar«

WESER-KURIER
BREMER TAGESZEITUNG

Fünf Jahre Zuchthaus für Krock

„Schläger-Charly" prügelte seine Freundin / Anklage auf versuchten Totschlag fallengelassen

Zu fünf Jahren Zuchthaus und fünf Jahren Ehrverlust verurteilte das Schwurgericht gestern abend den 26jährigen Karl-Heinz Krock, der sich vom Juli bis zum Jahresende 1963 der gefährlichen Körperverletzung und der Zuhälterei schuldig gemacht hat. Das Gericht ließ den Vorwurf des versuchten Totschlags fallen, da sich nicht mit Sicherheit nachweisen ließ, daß Krock seine Freundin Angelika durch die schweren Mißhandlungen in der Silvesternacht 1963/64 wirklich töten wollte. Auch verzichtete das Gericht darauf, dem Antrag des Staatsanwalts zu folgen und den Angeklagten als gefährlichen Gewohnheitsverbrecher zu brandmarken.

Die Strafe müsse hart sein, erklärte Vorsitzender Amtsgerichtsrat Dr. Kuntze, um dem Opfer eine gewisse Genugtuung für die erlittene Unbill zu bieten. Wichtiger noch sei, daß Krock, der bei seinen früheren Taten ziemlich glimpflich behandelt worden sei, aus der hohen Zuchthausstrafe lerne und daß Männer seines Schlages abgeschreckt würden. Schließlich werde die Gesellschaft längere Zeit vor dem Angeklagten geschützt. Die vom Gericht für zulässig erklärte Polizeiaufsicht solle eine gewisse Kontrolle in der Zukunft ermöglichen.

Der Vorsitzende schilderte den Lebenslauf des Angeklagten, der unter ungünstigen Umständen aufwuchs, früh in ein Heim kam und in der Schule versagte. Er begann, auf dem Lande zu arbeiten. Schon mit 15 Jahren mußte er wegen einer Roheitstat bestraft werden. Eine ganze Kette von Verurteilungen schloß sich an. Als er 1959 heiratete, trat eher ein Wandel zum Schlechteren ein. Seine Frau war eine Prostituierte, die ihn in ihre Kreise einführte. Nach anfänglichem Sträuben ließ er sich umstimmen und gewöhnte sich an das bequeme Leben eines Mannes, der von seiner Frau ausgehalten wird.

Als er nach der letzten Strafverbüßung im Sommer 1963 mit der damals 22jährigen Prostituierten Angelika zusammentraf, begann er, das Mädchen sofort auszubeuten. Mochte Angelika dem Angeklagten zunächst Zuneigung entgegengebracht haben, so beherrschte sie bald nur noch blanke Angst, da sie von Krock ständig geprügelt und bedroht wurde. Der Angeklagte nahm ihr die gesamten Einnahmen ab und wurde roh, wenn ihre Einnahmen seinen Erwartungen nicht entsprachen.

Kennzeichnend für den Angeklagten sei, so erklärte der Vorsitzende, daß er auch noch eine zweite Prostituierte unter seine Gewalt zu bringen versuchte. Als sie ihm Widerstand leistete, schlug und trat er sie am Abend des 16. August brutal und riß ihr auf offener Straße die Kleider vom Leibe. Am Abend des 22. Oktober fiel der berüchtigte Schläger An der Weide drei Amerikaner an, weil sie sich mit zwei seiner Freundinnen unterhielten.

Krock kam dann bis zum 13. Dezember in Untersuchungshaft. Kaum entlassen, begann er die Prostituierte Angelika wieder auszubeuten und zu terrorisieren. Den Höhepunkt fanden die Mißhandlungen in der Silvesternacht, als er mit einer Flasche und einem Stuhlbein auf das Mädchen einprügelte und dem Opfer die Stirnhöhlenwand, das Nasenbein und das Kiefergelenk einschlug.

Der Vorsitzende nannte die Tat wahrhaft grauenhaft. Vieles deute darauf hin, daß Krock die Freundin töten wollte. Anderseits habe sich das Gericht gefragt, ob er sie tatsächlich habe umbringen wollen.

Vor den Plädoyers erstattete Medizinalrat Dr. Bahlmann das psychiatrische Gutachten und nannte den Angeklagten eine „erheblich abnorme Persönlichkeit". Krock vereine eine ganze Reihe ungünstiger Charaktermerkmale. Er sei derart stimmungslabil, daß er 1962 in tiefer Niedergeschlagenheit zweimal aus dem Leben scheiden wollte. November 1962 nahm er Schlaftabletten; kurz darauf brachte er sich eine schwere Schnittverletzung bei.

Zu diesen „Versagenszuständen" geselle sich eine hochgradige Halt- und Willensschwäche, berichtete der Psychiater, und vor allem eine abnorme Erregbarkeit, die Krock zu den Gewalttaten getrieben habe. Die Zukunftsprognose sei sehr ungünstig, da sich die psychopathische Persönlichkeit inzwischen verfestigt habe.

Der Staatsanwalt: „Solche Taten sind also weiter zu erwarten?"

„Leider ja. Sie hängen mit dem abnormen Charakter zusammen und sind darin begründet", erwiderte der Arzt. Im übrigen sei der Angeklagte weder geistesgestört noch geistesschwach, wenn sich seine Intelligenz auch an der unteren Durchschnittsgrenze halte. Im Vollrausch habe er in keinem der Anklagefälle gehandelt. Doch sei er bei der grausamen Mißhandlung seiner Freundin Angelika in der Silvesternacht 1963/64 stark angetrunken und damit in seiner Zurechnungsfähigkeit erheblich beschränkt gewesen.

Staatsanwalt Litzig nannte den Angeklagten in seinem Plädoyer einen gefährlichen Gewohnheitsverbrecher und forderte für ihn wegen gefährlicher Körperverletzung in drei Fällen sowie wegen Zuhälterei und versuchter Zuhälterei sechs Jahre Zuchthaus und fünf Jahre Ehrverlust. Den Vorwurf des versuchten Totschlags ließ schon der Ankläger fallen. Im Hafengelände habe sich Karl-Heinz Krock als „Schläger-Charly" einen Namen gemacht. Selten verpfeife in diesem Milieu einer den anderen. Wenn in dem Prozeß vier Prostituierte einhellig gegen den Angeklagten ausgesagt hätten, so deute dies darauf, daß man ihn auch in seinen Kreisen fallengelassen habe.

Verteidiger Rechtsanwalt Koch bestritt, daß sich Krock der Zuhälterei schuldig gemacht habe. Das Verhältnis mit Angelika sei eine gegenseitige „Haßliebe" gewesen. Man habe aus einer gemeinsamen Kasse gelebt. Der Angeklagte habe seine Ersparnisse hinzugesteuert und gelegentlich gearbeitet. Die Auseinandersetzung mit den Amerikanern sei ungeklärt. Man wisse nicht, wer mit den Schlägen begonnen habe. Ungewiß sei auch, ob Krock nicht provoziert worden sei, als er Silvester über die Freundin herfiel. B.

Dieser in einem undatierten Zeitungsausschnitt aus dem »Weser-Kurier« beschriebene Fall erregte viel Aufsehen, auch weil der Angeklagte Krock im Laufe des Prozesses gedroht hatte: »Wenn ich freikomme, schlage ich sie endgültig tot.«

Rechte Seite: Aus der »Penner«-Akte des Polizeirevier West

---

verkehr] ihren Lebensunterhalt bestreiten, wuchs die Zahl der Geschlechtskranken erschreckend. Etwa 200 bekannte Strichmädchen verkehren in diesem Gebiet, hinzu kommen noch rund 150 heimliche Freudenmädchen, die sich jeder Gesundheitskontrolle entziehen. Vor noch etwa einem Jahr war in Bremen der Anstieg der Geschlechtskrankenzahl erschreckend, jedoch ist seit dem letzten Sommerhalbjahr eine Besserung eingetreten. Diese Besserung konnte durch die so genannte Kontrollkarte erreicht werden, die zu diesem Zeitpunkt eingeführt wurde. Rund 170 Mädchen sind jetzt im Besitz einer grünen Sittenkarte und stehen somit unter laufender ärztlicher Kontrolle.

Bardame: Die Damen vom Ballett, die mussten ja auch ihr »Bäckerbuch« haben, ihre Kontrollkarte…

Die blonde Dame ist Angelika, die später von »Schläger-Charly« schwer misshandelt wurde (siehe S. 122). Wiedererkannt und als »Edelhure« bezeichnet wurde sie von Ino Wäsch. Er lernte sie in der Gröpelinger »Nixenklause« kennen, bevor sie an der »Küste« auf den Strich ging. Sie war aus einem Mädchenheim ausgerissen und nicht zimperlich, wenn es um den Zugang zum Geschäft ging. Einmal wollte sie Ino an Bord auf einem Schiff besuchen, auf das die Seeleute keine Frauen mitbringen durften. Kurzerhand soll sie über das Nachbarschiff, auf dem sie die Wachhabenden noch in eine Kajüte einsperrte und den Schlüssel über Bord warf, ans Ziel gelangt sein

Das »Bäckerbuch« und die Bekämpfung von Geschlechtskrankheiten

In der Besatzungszeit wurden Geschlechtskrankheiten zu einem großen Problem. Anna-Maria Pedron berichtet, dass die Infektionsrate der amerikanischen Soldaten in der Enklave Bremen wesentlich höher als in den übrigen Besatzungszonen und doppelt so hoch wie in Berlin gewesen sei. Unter den Amerikanern wurden die deutschen Prostituierten deswegen oft mit dem Spitznamen »Veronika Dankeschön« bezeichnet (die Initialen V. D. standen gleichzeitig für »venereal disease«). Denn für die Verbreitung von Geschlechtskrankheiten und damit den sittlichen Verfall wurden nur Frauen verantwortlich gemacht. Bis im Juli 1953 ein neues Gesetz gegen Geschlechtskrankheiten in Kraft trat, waren rabiate, polizeistaatliche Methoden gang und gäbe. Frauen standen in den Besatzungszonen unter Ausnahmerecht und mussten jederzeit mit Razzien oder Zwangsmaßnahmen rechnen. Schon der Kontakt mit einem Amerikaner konnte reichen, um einer Zwangsuntersuchung vorgeführt zu werden. Wer für »abnorm« oder »verwahrlost« befunden wurde, konnte auch in ein Erziehungsheim oder Arbeitshaus eingewiesen werden. Geschlechtskranke Personen waren in der amerikanischen Zone erfassungspflichtig. Mit dem Gesetz von 1953 wurde aus der Kontrolle fürsorgerische Betreuung und bei den Gesundheitsämtern wurden Beratungsstellen für Prostituierte eingerichtet. In Bremen besaß ab 1953 jede gemeldete Prostituierte ein »Bäckerbuch«, in dem die Ergebnisse der verpflichtenden wöchentlichen Untersuchungen eingetragen wurden. Wer nicht teilnahm, konnte immer noch zwangsweise beim Gesundheitsamt vorgeführt werden. Eine Abschrift des Untersuchungsberichtes ging direkt an die Kriminalpolizei. Der Versuch, durch eine Novellierung des Gesetzes zur Bekämpfung von Geschlechtskrankheiten 1963 eine Einschränkung des Grundrechts auf Unverletzlichkeit der Wohnung zu erreichen, um »hwG«-Personen besser kontrollieren zu können, scheiterte. Die Untersuchungspflicht für Prostituierte galt bis etwa 1984, als sie seitens des Gesundheitsamtes in eine freiwillige und anonyme Beratung auf Vertrauensbasis umgewandelt wurde.

Zwar wurden die Freier von Prostituierten keinerlei Gesundheitskontrolle unterzogen, doch wer als Seemann eine neue Heuer bekommen wollte, brauchte ebenfalls eine Gesundheitskarte. Ohne den »Check-up« drohte die Arbeitslosigkeit. Es wurde nicht nur auf Geschlechtskrankheiten untersucht. Unter anderem waren auch Röntgenaufnahmen zum Erkennen von Tuberkulose sowie die Untersuchung und Behandlung der Zähne Bedingungen für den Antritt einer längeren Seereise.

Hans-Günther Prigge: …sie wurden gelegentlich von uns kontrolliert, ob sie regelmäßig an den vom Staat geforderten Untersuchungen im Gesundheitsamt Horner Straße teilgenommen haben, darüber kriegten sie dann einen Schein. Und da mussten sie so alle vierzehn Tage hin, ob sie syphilisverdächtig oder tripperverdächtig waren. Und diejenigen, wo das nicht der Fall war, wo also die Gefahr bestand, dass sie andere Leute, also die Freier anstecken, die haben wir dann auch behalten und haben sie andern Morgen zum Hauptgesundheitsamt hingebracht, das heißt, das hat der Gefangenentransport gemacht.

Anita Jerzenbeck: Das war damals ein Gesetz, wenn Kontrolle war, und die ham ihren Check-up gehabt und ham die Karte gezeigt – das war okay. Das war 'n Schutz für die Frauen, aber auch für die Freier.

Seemann: Wenn du jetzt an Bord warst und du hattest jetzt 'nen Tripper gehabt oder 'nen Siph oder was. … Aha, dann kriegt er 'ne Spritze und dann kam wir nach Bremen, dann kam der Hafenarzt an Bord – da wurde ja auch die gelbe Flagge gehisst – Quarantäneflagge – und dann guckte der in dies Buch rein und sagt: »Aha, da ham wir ja wieder einen.«

Bernie Becker: Mit Jan da *(lacht…)* komm ich hier bei Dr. Gläser – das war der Hafenarzt hier für Geschlechtskrankheiten. Sacht der: »Wie oft hast denn 'n Tripper gehabt?«, sacht der zu Jan Hulle. Sacht der: »Vortich Maal, vortich Maal.« Fragt der Arzt: »Wie – vier Mal?« – »Nee Bernie, sach doch mal: vortich!«. Ich sach: »Vierzig Mal!!« – »Vierzig Mal??« Da ist der beinahe in Ohnmacht gefallen.

Anita Jerzenbeck: Ja, Tripper war ja auch noch was Einfaches – da reicht ja eine Woche Penicillin. Aber damals gab es ja noch andere Sachen. Das werde ich nie vergessen. 40 Seeleute – Riesensaal im Gesundheitsamt und ich musste die Anamnese machen, und ich war noch so jung, ne, und ich wollte da alles so richtig machen. Dann sag ich zu dem einem Seemann: »Warn Sie in der Zwischenzeit krank gewesen?« Dann nuschelte der so was und ich versteh: »Shanghai« und ich sag: »Oh, in Shanghai warn sie krank gewesen.« Die andern lachten schon alle. Die ham gesagt: »Mein Gott, der hat 'nen Schanker!«

Lilo Kräutje (links) im »Nordatlantik« in Gröpelingen am 5. März 1962, hinter der Theke ihre Schwester Grete

Nächste Seite: Die Barfrau Lilo freut sich: Hier geht es gleich im Laden »zur Sache«…

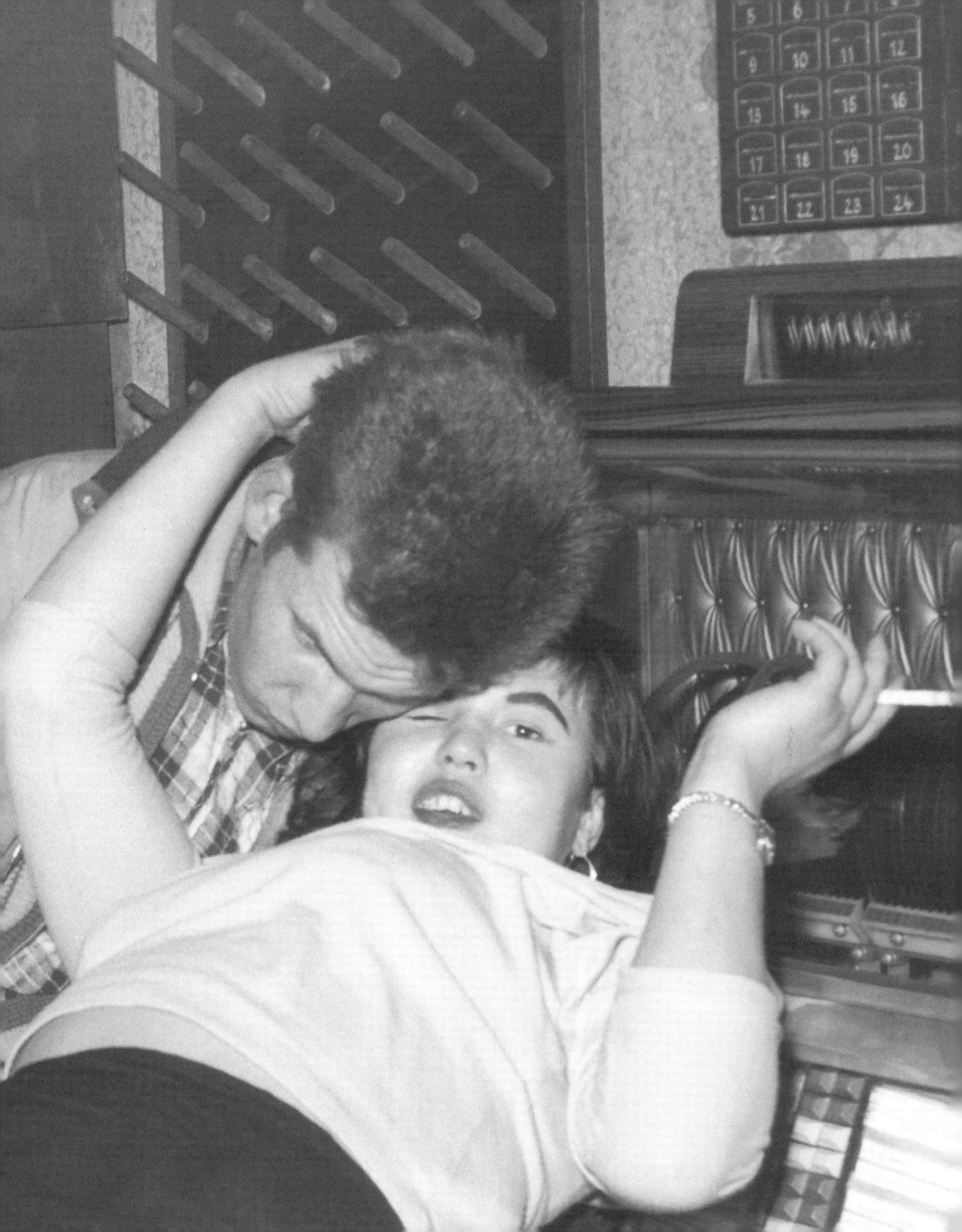

Polizei-Razzia in »Klein-St. Pauli«. Mit Hunden und großer Mannschaft wird dieser Mann abgeführt. Er hatte keine Papiere bei sich. (Foto aus dem »Weser-Kurier« vom 4. Dezember 1967)

Die Beschwerden der Anwohner …

Aus einem Polizeibericht 1954: Auf der anderen Seite hat aber diese Konzentration der Vergnügungsunternehmen in der Nähe des Waller Rings, insbesondere bei den Eltern schulpflichtiger Kinder und des Bürgervereins der westlichen Vorstadt zu erheblichen Protesten und in einigen Bürgerschaftsdeputationen zu lebhaften Debatten geführt.

Hans-Günther Prigge musste als Polizist Maßnahmen entwickeln, um gegen den Geschlechtsverkehr in der Öffentlichkeit vorzugehen: Die Leute im Waller Wied ham besonders darunter zu leiden gehabt. Die Autos, die zum Straßenstrich wollten, die fuhren nächtelang durch die kleinen Straßen da durch. Das war wirklich für die Leute 'ne Zumutung. Und einige ham auch in den Gängen zwischen den Straßen da rumgevögelt und so weiter und so fort.

Für Peter Benje und seine Frau war das Bier im »Golden City« nach dem Spaziergang im Hafen selbstverständlich: Ganz Walle war ja sowieso spannend. Hier liefen also dann Prostituierte durch die Straßen. Was sind Prostituierte? Fragte man sich als Zehnjähriger. Da

»Einige haben auch in den Gängen zwischen den Straßen rumgevögelt«, berichtet Hans-Günther Prigge. Die Übrigbleibsel der »Ausschweifungen in der Öffentlichkeit« fanden sich wie hier hinter dem Bunker an der Leutweinstraße

brach etwas auf, was sonst so unter der Oberfläche des normalen Lebens gecovert war.

…und die Maßnahmen der Polizei

Hans-Günther Prigge: Bremerhavener Straße, Spielplatz – da warn also bestimmte Nutten – die gingen nur zu diesem Platz. Der Hausmeister von der Schule da am Waller Ring ging morgens immer her und sammelte die Kondome auf, die da lagen auf dem Kinderspielplatz. … Die Masse der Dirnen arbeitete mit Kondomen und Tempotaschentüchern. Daran konnte man das auch erkennen, wenn wir jetzt am Tage Streife fuhren, wenn irgendwo diese Dinge wieder lagen. Und dann ham wir uns das nachher angewöhnt, dass wir ohne Licht auf diesen Platz rauffuhren und wenn wir dann drauf waren – Scheinwerfer an! Und denn auch den Sucher an, und dann konnte man alles übersehen, was da so passierte. Diejenigen, die wir dann da gegriffen haben, die Nutten, das waren fast immer dieselben, die haben sofort 20 Mark bezahlen müssen. Und bei dem Kerl haben wir dann nichts genommen, den haben wir laufen lassen. Wir konnten ja in der Regel nur dann irgendwie Maßnahmen ergreifen, wenn wir sahen, dass sie die Kondome wegschmissen. Dann hatten wir 'ne Handhabe. Wenn natürlich 'ne Verunreinigung schon eingetreten war, dann war das alles härter. Dann habe ich manchmal auch 'ne Anzeige geschrieben.

Hans-Günther Prigge: Die Polizei musste jetzt auch Maßnahmen ergreifen, um den Leuten was sagen zu können. Was macht ihr denn eigentlich dagegen? Macht ihr überhaupt was?

Hermann Uhlhorn – seine Barfrauen durften erst gehen, wenn die Geldbomben im Keller deponiert waren: Ich konnte mit dem Hauptkommissar Drewisch – mit dem konnte ich gut. Seine eigenen Leute ham das immer anders geschildert. Ich sag: »Nix!« Wenn ich denen jetzt gesagt habe – der und der hat das und das gemacht – dann schrieben die das in die Akte rein und hinten kam ein Kuvert rein, da wurde was reingesteckt und der Rechtsanwalt, der die vertritt, der guckt da rein und

»Die Haie an Land haben es nicht gern, wenn ihnen ein fetter Bissen vor der Nase weggenommen wird.« Lilo Kräutje in der »Arizona-Bar« mit Pfeife, links Rosi, die später bei einem Wohnungsbrand ums Leben kam

Müde Blondine mit zwei Freiern

Als Beischlafdiebstahl wird ein Diebstahl im zeitlichen und sachlichen Zusammenhang mit Geschlechtsverkehr bezeichnet. Nach deutschem Recht ist diese Tat als Diebstahl gemäß § 242 bzw. § 243 StGB strafbar. In Alexander Kluges Film »In Gefahr und größter Not bringt der Mittelweg den Tod« (1974) rechtfertigt Inge Maier den Beischlafdiebstahl so: »Das, was die Männer versprechen, erweist sich nachträglich immer als zu wenig. Für dieses Defizit nehme ich ihre Brieftaschen an mich.«

sacht: »Hier, der Uhlhorn.« Und dann kamen sie mit drei, vier Mann rein, wollten Theater machen. Da hab ich gesagt – wenn die Polizei kam – da war irgendwas: Schlägerei, was, war ganz egal – oder Diebstahl: »Ich hab nichts gesehen, ich weiß von nichts.« Und morgens, dann hab ich den Hauptkommissar angerufen und ihm gesagt: »Hier – das und das war und denn ging das über die Bühne ... Der eine hat acht Jahre Knast gekriegt. Da hab ich gesammelte Werke abgegeben.

Aus dem »Weser-Kurier« vom 7. November 1959: Die Polizeibeamten wissen, daß sie gern gesehen sind, wenn jemand die ihm zu hoch erscheinende Zeche nicht zahlen will. Aber sie werden zum Teufel gewünscht, wenn sie einen betrunkenen Binnenschiffkapitän, der mit 7000 Mark in Scheinen herumfuchtelt, zu seinem eigenen Schutz festnehmen. Die Haie an Land haben es nicht gern, wenn ihnen ein fetter Bissen vor der Nase weggenommen wird.

Peter Benje: Es wurden ganz einfach Strukturen sichtbar – die Konstruktion der Gesellschaft wurde sichtbar.

Bernie Becker: Die haben auch alle gebumst, jeder Bulle da ... Es sind auch nur Menschen, nech. Wir sind alles nur Menschen – nur Menschen – und wenn der eine Geld geklaut hat, dann ham se zu dem Freier gesagt – die Bullen – »Geht alles in Ordnung. Wir ham die Namen. Ja, Sie kriegen Bescheid.« – »Ja, aber ich bin verheiratet.« »Ja, geht alles in Ordnung.« Denn sind se mit dem Mädchen eben unten nache Bogenstraße zu dem Wendeplatz. Haben se 'ne kleine Nummer verabreicht und denn war die Sache wieder erledigt. [...] Darum: Ich kann nur drüber lachen, wenn die Menschen uns verblöden wollen, wie anständig die sind. Da ist keine Sau anständig.

Beischlafdiebstahl, Straßenstrich und verkrachte Existenzen

Hans-Günther Prigge: Da ham wir dann eine vorläufig festgenommen, wegen Beischlafdiebstahl ... So 'ne dicke Blonde war das – die hatte so 'nen Busen. Die hatte das natürlich bestritten. Dann mussten wir die mitnehmen, weil wir die nicht selber durchsuchen dürfen. Und denn ist das so üblich im Streifenwagen, dass einer neben der hinten mit sitzt. Ich saß jetzt als Kollege hinter dem Fahrer. Dann hat die mich da angemacht. Hat mich also regelrecht rausgefordert. Ich soll das Geld da rausnehmen, sie hätte das da oben drin. ... Die Gefahr ist natürlich groß dann. Vor allem, weil es gab damals auch junge Schutzmänner – aber ich bin ganz hart geblieben.

Bernie Becker: Zuhause – 'ne Frau macht nicht immer gerade das, was der Mann machen will, und da sind se gekommen und haben alles gekriegt. Denen war das ja scheißegal. Die machen die Augen zu und denken an Weihnachten und was se morgen kochen oder ob se die Gardinen waschen wollen. Für die ist das Geschäft. 'n bisschen Huhu kann jede machen. Die eine sitzt mit 'm dicken Hintern bei dem aufm Gesicht, der leckt sich da halb tot und die andere schrubbt dran, an seine Hose und klaut die Kohle – das hab ich doch erlebt! Ich hab immer gesagt, lass was drinne, damit der sich bewegen kann.

Aus dem »Weser-Kurier« vom 7. November 1959: Für die zunehmenden Schlägereien besteht jetzt Polizeiorder, daß mindestens zwei Rolandfunkwagen an den Tatort fahren müssen, denn einer Schwierigkeit sehen sich die Polizeibeamten an der Küste gegenüber: die Nachtschwärmer sind wie eine große Familie. Ein Personenkreis, der sein eigenes Leben mit einem eigenen Kodex lebt.

Erwin Krüger: Die tollste Story war: Ewald Meier. Ham se ihn gekriegt – sechs oder sieben Leute. Die ist morgens entlassen wurden aus dem Krankenhaus – Entbindung – und abends hat die bei dem schon wieder vor der Tür gestanden.

Katja: Das war bei Willi Flippen auch – mit Rita … Die hat solche Handtücher zwischen den Beinen gehabt.

Erwin Krüger: Da ham se gesagt: »Ewald, komm mal her. Wenn die vor drei Tagen hier bei dir wieder auftaucht, dann kriegst du den Arschvoll deines Lebens!«

Das Milieu hält zusammen …

Aus einem Polizeibericht 1953: Aus dem bisher Geschilderten geht hervor, daß die Strichmädchen, die Mietwagen-Unternehmer, sowie auch ein Teil der Inhaber von Lokalen in einem gewissen Abhängigkeitsverhältnis zueinander stehen, so daß es für die Polizei bei der Verfolgung strafbarer Handlungen, die in dem Vergnügungsviertel vorkommen, oft schwer ist, die geeigneten Maßnahmen zu treffen, um des Täters oder der Täter habhaft zu werden.

Prostituierte: Wenn die Sitte kam, Kontrolle, denn sind wir zu »Bruno Mosig«. Und Otto war unser Kellner da – der hatte ja 'nen Anzug an, überall Taschen und von jeder Frau hatte er das verdiente Geld in den Taschen. Und wir ham uns dann oben am Stammtisch hingesetzt und Bruno Mosig hat es sich verbeten – »Das ist ein Speiselokal, hier wird nicht kontrolliert.« Wenn die dann weg waren, da ham wir unser Geld wiedergekriegt und sind rausgegangen.

… und auch die Stadt liebt das Geld

Aus einem Polizeibericht 1954: Wenn man jedoch bedenkt, daß im Jahre 1951 rund 1.000.000 Seeleute in Bremen an Land gingen und Bremen in derselben Zeit von nur rund 140.000 anderen Fremden aufgesucht wurde, sollte von verantwortlicher Seite das Für und Wider eines Vergnügungsviertels in Hafennähe ernstlich erwogen werden. Man sollte aber auch daran denken, daß die Besatzung der United States bei einem nur 36-stündigen Aufenthalt Devisen im Betrag von rund 90.000 DM an Land ausgaben. Hier an diesem Beispiel muß man zu der Folgerung kommen: Bremen ist eine Hafenstadt und muß somit auch die Tribute einer Hafenstadt zahlen.

Das Personal von Bruno Mosig (l.) auf der Sylvesterfeier 1966 / 67. Ganz rechts Kellner Otto, der bei Polizeirazzien das Geld der Prostituierten zügig in seinen Taschen versteckte

So warben die Lokale rund um das »Golden City« in dem kleinen Bremer Ausgeh-Branchenbuch »Ein Bummel durch Bremen«

EIN BUMMEL DURCH BREMEN

BREMENS KLEIN-St. Pauli

Lili-Marlen
Inhaberin Ursula Renoldi
Leutweinstraße 5
Telefon 8 10 57

Wie einst unter der Laterne

Hafen-Autodienst Ruf 81414

Hier trifft sich der Seemann aus aller Welt

Gaststätte St. Pauli

Gepflegte Getränke — Kalte und warme Küche
Tag und Nacht geöffnet

Inh. D. Tuchscheerer — Nordstraße 340 — Tel. 8 27 45

Hawai-Bier-Bar
Nordstr. 359 — Inh. Adty-Ida Sievers — Telefon 8 46 80

Nordstr.
Ecke
Wießmannstr.
Ruf 8 23 29

Die Tanzdiele in Klein-St. Pauli **GOLDEN CITY**

Zum „GROSSEN BÄREN"

Die dezent-behagliche Gaststätte mit der netten Bar an der Gröpelinger Heerstraße

- Großes Sortiment an auserwählten Spirituosen -
- Spezialität: Schinken-Schnittchen, beste kalte Küche!
- Gepflegte Biere, reelle Bedienung, solide Preise
- Durchgehend bis morgens um 5.00 Uhr geöffnet

Gaststätte „Morgenland"

Holsten-Bier
Warme und kalte Speisen zu jeder Tageszeit
Gepflegte Getränke
Klubzimmer

Inh. Elli Pricelius   Gröpelinger Heerstr. 164 E   Tel. 85292

Gaststätte und Hotel Monopol

Inh. Erwin Malorny   Lindenhofstraße   Telefon 8 39 10

Fremdenzimmer - - modern und behaglich
Saal und Klubzimmer für jede Festlichkeit
Schöner, großer Sommergarten
Sonnabends und sonntags Konzert und Gesellschafts-TANZ
Täglich durchgehend geöffnet
Tag und Nacht kalte und warme Küche

Hafen-Autodienst Ruf 81414

Leutweinstr. 9
Ruf 8 08 48

Gaststätte „Zum Viermaster"   Inhaber Fr. Otzen

Leutweinstr. 11
Ruf 8 28 31

Gaststätte „Zur alten Liebe"   Inhaberin Erika Beck

Nordstraße 371-73
Ruf 8 37 60

Gaststätte „Krokodil"   Inhaberin Irmgard Dettloff

Hafen-Autodienst Ruf 81414

Leutweinstr. 7
Ruf 8 16 63

Inhaber Ludwig Schulze   **S·T·E·R·N-BAR**

Nordstr.
Ecke
Leutweinstr.
Ruf 8 23 29

Die intime Bar in Klein-St. Pauli   **BAMBUS-BAR**

Gaststätte „Bruno Mosig"

Nordstraße 360 - Tel. 85332

Tag und Nacht geöffnet

Warme und kalte Speisen zu jeder Tages- und Nachtzeit

Bruno Mosig
Europameister im Berufsringen

Wer einmal bei Bruno Mosig war, geht immer wieder hin!

Das »Klein-St. Pauli« und die Stadt Bremen

Von der Unmöglichkeit, den Kampf um die Moral mit stadtplanerischen Mitteln zu gewinnen

Der Hochbetrieb im Hafen machte die Stadt reich. Und der damit verbundene Hochbetrieb an der »Küste« machte diejenigen reich, die dort ihre Geschäfte betrieben. Das Vergnügungsviertel rund um »Golden City« genoss bei Seeleuten hohes Ansehen – und wurde von der Stadt als Konzession an die Bedürfnisse der vielen tausend Seeleute geduldet.

Für die Anwohner war die Mischung aus Lautstärke, Straßenstrich, feierwütigen, betrunkenen Menschenmassen, Schlägereien und mitunter in der Öffentlichkeit geschlechtlich verkehrenden Paaren eine Zumutung – und das über viele Jahre rund um die Uhr und an jedem Tag der Woche. Die Anwohner verbündeten sich mit den konservativen Kreisen der Stadt, denen die »Küste« wegen des dort herrschenden »amoralischen Treibens« ein Dorn im Auge war. Immer wieder wendeten sie sich an die Polizei und die Behörden, um ein Einschreiten gegen Ausschreitungen oder sogar Verbote zu erwirken.

Bewegung kam in die fortwährenden Beschwerden und Beschwichtigungen, als der Stadtplaner im Referat Wiederaufbau und spätere Oberbaudirektor Franz Rosenberg 1952 mit der Idee aufwartete, das Vergnügungsviertel zu verlegen. Er schlug den Bau einer geschlossenen Straße im »Gleisdreieck« nah am Hafen vor, die zudem von zwei in nächster Nähe gelegenen Bahndämmen von den Utbremer Wohngebieten abgeschirmt wäre.

Eine fast 20 Jahre andauernde Debatte entspann sich zwischen dem Bau- und Wirtschaftsressort, der Polizei, den Senatoren für Jugend und Gesundheit, dem Bürgerverein für die westliche Vorstadt, den Betreibern der Lokale und anderen Partnern, die hier in Auszügen wiedergegeben werden soll. Denn diese Debatte zeigt auch ein kurioses Kapitel der bremischen Politik, die mit viel Engagement und viel Behördenpapier versuchte, den Kampf um die Moral mit stadtplanerischen Mitteln zu führen.

Die Idee

Franz Rosenberg schrieb in seinem Bericht »Vom Wiederaufbau und von der Stadterweiterung in Bremen in den Jahren 1949–1970«, Bremen 1981 (Manuskript):

»Der Interessenkonflikt war vollständig: hier die Bewohner einer Wohnstraße (Leutweinstraße) mit properen Reihenhäusern mit dem berechtigten Wunsch nach Ruhe und sauberer Umgebung, dort ein ruppiges, aber sozusagen leistungsfähiges, wildes Amüsierviertel mit einem, wie gesagt, zufriedenen Publikum, das keineswegs nur aus dem Hafen kam.

Beseitigung der Behelfsbauten durch das Bauordnungsamt, strenge Einhaltung der Polizeistunde von Seiten des Stadt- oder Polizeiamtes oder gar Entzug der Konzession waren in dieser Situation völlig untaugliche Mittel. Ich nahm mir deshalb vor, das Problem an der Wurzel zu fassen und nicht ein Verbot auszusprechen, sondern ein Angebot zu machen, nämlich einen neuen Standort für ein Vergnügungsviertel, das keine Belästigungen ausstrahlen und darüber hinaus endgültigen Charakter haben sollte. Als Eigenart eines solchen Quartiers schwebte mir eine Art kleiner Rummelplatz mit Bauten für Gaststätten und einige Läden vor – mit einem diskret gestalteten Anhängsel für Dirnen. Kaum

---

Linke Seite: Polizeieinsatz an der Nordstraße

Mitte der 50er Jahre gab es in ganz Bremen acht Funkwagen. »Roland 5« war an der Wache 16 N in der Nordstraße / Ecke Bogenstraße stationiert

---

Dr. Franz Rosenberg wurde 1949 als Stadtplaner im Referat Wiederaufbau nach Bremen berufen. 1955 wurde er zum Oberbaudirektor, 1964 zum Senatsbaudirektor und schließlich zum Senatsdirektor ernannt. Die Stadt Bremen verdankt ihm während seines engagierten Wirkens bis 1970 den Wiederaufbau des Bremer Westens, die Neue Vahr, die Fußgängerzone Sögestraße und die Hochstraße am Breitenweg. Außerdem war er ein Verfechter der nicht realisierten »Mozarttrasse« durch das Bremer Ostertorviertel.

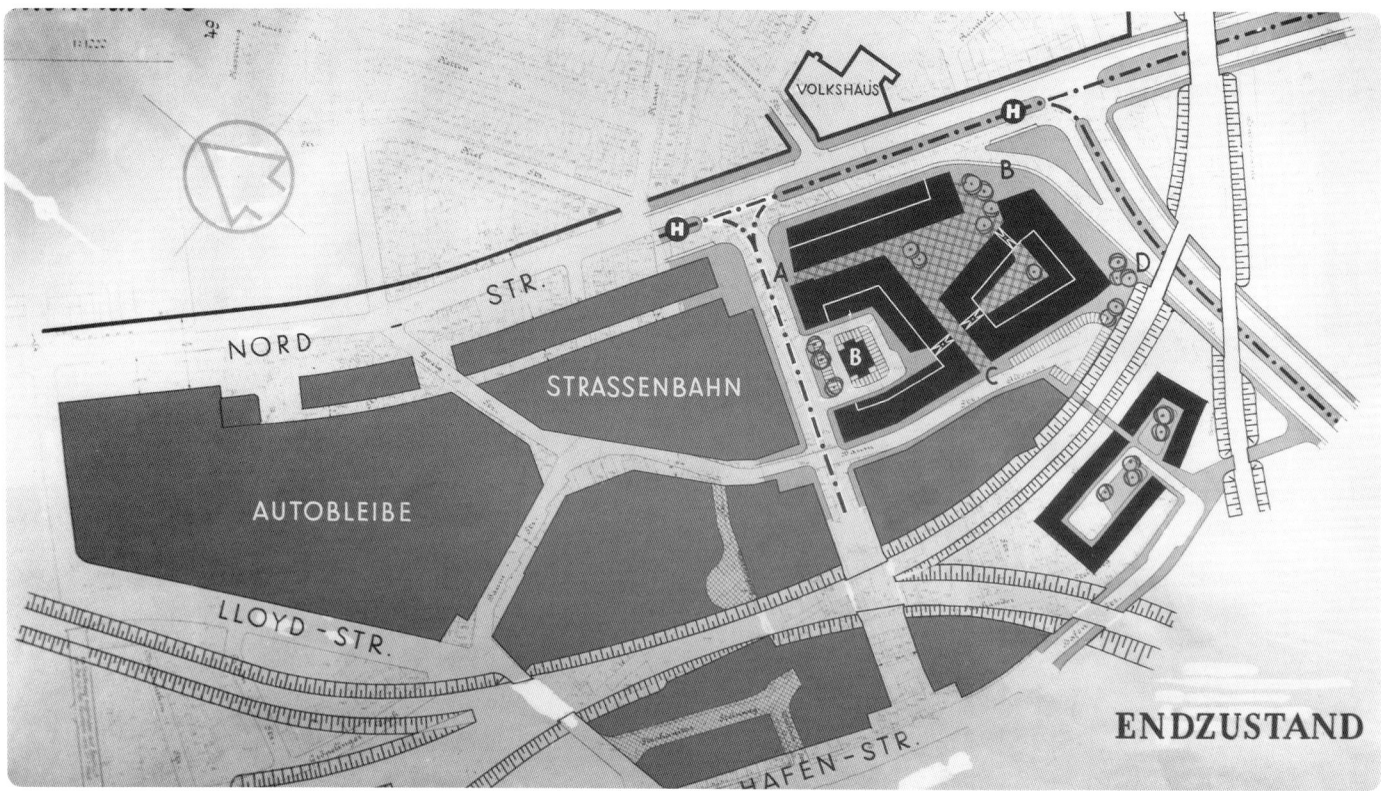

Gegenüber dem Volkshaus an der Hans-Böckler-Straße wollte der spätere Oberbaudirektor Franz Rosenberg 1952 ein neues Vergnügungsviertel bauen und damit einerseits den vielen Beschwerden der Anwohner der »Küste« nachgeben und andererseits das »leistungsfähige, wilde Amüsierviertel mit zufriedenem Publikum« für die Stadt erhalten. Ihm schwebte »eine Art kleiner Rummelplatz mit Bauten für Gaststätten und einige Läden vor – mit einem diskret gestalteten Anhängsel für Dirnen«

war ich mit dieser Idee intern herausgerückt, da fand ich teils Wohlwollen, teils begeisterte Zustimmung. […] Mein Standortvorschlag zwischen Innenstadt und Hafen im Baublock Hans-Böckler-Straße, Rosenkranz, Altonaer Straße einschließlich des sogenannten Gleisdreiecks (die Straßennamen existieren inzwischen teilweise nicht mehr) wurde sowohl behördenintern als auch vom Bürgerverein für die westliche Vorstadt akzeptiert; das Grundstück war – sehr wichtige Voraussetzung für den Erfolg – in städtischem Eigentum. […] Dann aber begannen die Schwierigkeiten. Kein Gremium fand sich zu einer Zustimmung bereit, eine Vertagung folgte der anderen, während der Betrieb an der Nordstraße und Leutweinstraße ungehindert weiterging und von Zeit zu Zeit immer wieder Proteste der Betroffenen laut wurden.«

Euphorie

Uneingeschränkte Zustimmung fand der Vorschlag bei den Senatoren für Bau, Wirtschaft und Inneres, hofften sie doch, durch die Verlegung eine städtebauliche Lösung mit Modellcharakter zu schaffen. Die Wohngebiete würden entlastet, das Rotlichtviertel käme unter Kontrolle, und die für eine Hafenstadt typischen Angebote wären gesichert.

In der Euphorie für die gefundene Lösung schlug Wirtschaftssenator Hermann Wolters am 20. Mai 1953 in einem Brief an Baudirektor Tippel selbst einen Straßennamen vor:

»Wenn auch zunächst aus einer heiteren Laune der Gedanke geboren wurde, Joachim Ringelnatz durch einen Straßennamen in Bremen vor Anker gehen zu lassen, so bin ich heute ernsthaft davon überzeugt, daß eine richtige Auswahl der Straßennamen gerade für das Bremer Vergnügungsviertel eine außerordentliche Attraktion sein könne. Und so meine ich, sollten wir die Hauptstraße »Am Ringelnatz« nennen und die Nebenstraße – ich meine jene, wo horizontal verdient wird – ›Am Daddeldu‹.«

Die Gegenspielerin

Die erbittertste Gegenspielerin gegen eine Verlegung war die Senatorin für das Jugendwesen, Annemarie Mevissen. Sie befürchtete, dass der vorgelegte Plan sowohl am Waller Ring als auch am neuen Standort einen unkontrollierbaren Wuchs von Vergnügungsstätten zur Folge haben würde. Außerdem war sie extrem besorgt um mögliche »verderbliche Einflüsse« auf ein anderes Bauobjekt, dessen Grundstein ganz in der Nähe gerade gelegt worden war – das Berufsschulzentrum. Sie schrieb in einem Brief an Bausenator Emil Theil vom 11. Dezember 1952: »Die unmittelbare Nähe des Vergnügungsviertels sowohl zum Volkshaus als auch zum Berufsschulzentrum sollte man nicht damit bagatellisieren, daß eine breite Straße bzw. der Bahndamm und eine Straße dazwischen lägen. Tatsache ist, daß diese Lokale unmittelbar am Weg zu beiden Gebäuden liegen, in denen täglich hunderte von jungen Menschen ein und aus gehen. Wenn man im Ernst glaubt, daß der Betrieb dort während der Tagesstunden stilliegt, dann würde ich empfehlen, in den frühen Morgenstunden oder Nachmittagsstunden das Leben um den Waller Ring zu beobachten, wo die umwohnende Bevölkerung täglich Zeuge des würdelosen Treibens ist. Der Hinweis auf die außerordentlich gute Kontrolle durch die Polizei, die durch die Planung ermöglicht würde, ist völlig theoretisch. Alle Erfahrungsberichte aus der Arbeit des Jugendschutzes, sowohl von Seiten der Polizei aus als auch von Seiten des Jugendamtes, sprechen eine beredte Sprache dagegen. […] Man sollte endlich davon abkommen, zu Gunsten der ›wirtschaftlichen Belebung‹ die Gesundheit und Moral einer breiten Bevölkerungsschicht und besonders unserer Jugend aufs Spiel zu setzen.«

Die betroffenen Anwohner

Der Bürgerverein für die westliche Vorstadt, der die ganze Debatte als Sprachrohr für die Beschwerden der Anwohner angestoßen hatte, mochte sich mit dieser Ablehnung der lang ersehnten Lösung nicht zufriedengeben. Der erste Vorsitzende, Karl Lademann, hielt es in einem Brief an die Deputation für Leibesübungen und Jugendwohlfahrt vom 30. Dezember 1952 für seine

Nächste Seite: Sie sollten umziehen: Besonders die Betriebe in der Leutweinstraße waren den Anwohnern der ansonsten »ruhigen Wohnstraße« ein großes Ärgernis

Das vorgesehene Gelände lag brach und war im Besitz der Stadt

Viele Beteiligte, viele Akten, kein Ergebnis: An der Lösung des Falls »Gleisdreieck« arbeiteten Beamte aus Polizei und Behörden etwa 20 Jahre lang

Die Schule am Holzhafen (heute Schule an der Nordstraße). Auf dem Heimweg vom Unterricht mussten viele Schüler das Vergnügungsviertel passieren

»Pflicht, darauf hinzuweisen, daß das, was am Rosenkranz verhindert werden soll, in der Gegend des Waller Rings schon seit Jahren besteht. Hier ist nämlich das Vergnügungsviertel mitten in ein dicht besiedeltes Wohngebiet, direkt zwischen zwei Schulen hineingebaut worden, ohne daß die Behörden auf die Proteste der Bevölkerung eingegangen sind. Während das Berufsschulzentrum durch die Oldenburger Bahn hermetisch von dem geplanten Vergnügungsviertel abgeschlossen ist und den Jugendlichen hierdurch kein großer Anreiz und Gelegenheit zum Besuch dieses Viertels gegeben wird, müssen die Schulkinder, welche die Oberschule am Waller Ring und die Schule am Holzhafen besuchen, die Straßen des jetzigen Vergnügungsviertels teilweise schon auf dem Schulwege benutzen und sind hierdurch den Gefahren, die ein solches Viertel mit sich bringt, ausgesetzt.«

Das Hin und Her nimmt seinen Lauf

In einer Stellungnahme vom 12. Januar 1953 pflichtete Anna Stiegler vom Bremer Frauenausschuss Senatorin Mevissen bei: »Es hat nichts zu tun mit ›puritanisch angehauchtem Denken‹ oder den ›Grundsätzen des Quäkertums‹, wenn wir – und mit uns fraglos die überwiegende Mehrheit der bremischen Frauen! – die Meinung vertreten, daß es unverantwortlich gegenüber den Familien wäre, wenn man den Seeleuten und auch den Hafenarbeitern einen großen Teil ihres Lohnes in Animierbetrieben aus der Tasche locken würde. […] Es geht aber zunächst gar nicht um die Frage, ob ›Klein-St. Pauli‹ in Bremen ein notwendiges oder ein vermeidbares Übel ist, sondern darum, ob es gegebenenfalls in unmittelbarer Nähe der neuen Berufsschule, des Seemannsheimes und des geplanten Groß-Autohofes [!] zu bringen wäre. Als Frauen und Mütter, die wir überall mit schmerzlichem Bedauern das schlechte Vorbild der Erwachsenen gegenüber der Jugend sehen, lehnen wir den Vorschlag der baulichen Instanzen schärfstens ab.«

Daraufhin fand am 17. Februar 1953 im Polizeihaus eine breit besetzte Lagebesprechung mit Oberbaurat Dr. Rosenberg, Oberregierungsrat Alfes, Obermedizinalrat Dr. Geißler, Oberregierungs- und Kriminalrat Schulz, verschiedenen Polizeiräten, -inspektoren, -obermeistern und weiteren Beamten statt. Die Beteiligten einigten sich darauf, die Argumentation der Gegner der Lösung »Gleisdreieck« mit dem Hinweis zu entkräften, die Nähe zum Volkshaus sei durch den dort nur vorübergehenden Sitz des Sozialamtes und die Nähe zum Berufsschulzentrum durch den nur spärlichen Betrieb des Vergnügungsviertels während der Schulzeiten kein Problem. Obermedizinalrat Geißler warf jedoch die Frage auf: »Können die Lokalinhaber usw., die zur Zeit in der Leutweinstraße ihr Gewerbe ausüben, nach Einrichtung des neuen Vergnügungsviertels gezwungen werden, ihren jetzigen Betrieb aufzugeben, bzw. umzuziehen? Da hierüber gewisse Zweifel bestehen, dürfte dies ein Hauptgrund der Ablehnung von gewissen Stellen sein.«

Im Verlaufe des Jahres 1953 wurden hierzu Untersuchungen angestellt. Unter anderem wurde ein umfangreicher Polizeibericht der Wache 16N (13. November 1953) an der Nordstraße verfasst, den Polizeipräsident von Bock und Pollach für eine Stellungnahme im Zusammenhang der geplanten Umsiedlung des Vergnügungsviertels vom 1. Dezember 1953 ausführlich zitierte. Über die Möglichkeiten der Polizei schrieb er vollmundig: »Auf die vom Stadt- und Polizeiamt vorgeschlagene Umsiedlung der Vergnügungsbetriebe kann zwar mit polizeilichen Mitteln kein unmittelbarer Zwang ausgeübt werden, das Stadt- und Polizeiamt ist aber in der Lage, durch Ausschöpfung aller verwaltungspolizeilichen und exekutivpolizeilichen Möglichkeiten auf die Betriebsinhaber einen Druck zur Umsiedlung auszuüben. Derartige Betriebe können ohne Polzeistundenverlängerung, Tanzerlaubnis und die Beschäftigung weiblicher Bediensteter nicht existieren. Die genannten Erlaubnisse können nach pflichtgemäßem Ermessen der Behörde versagt werden, wenn die Gewährung dieser Vergünstigung zu polizeiwidrigen Zuständen führt. […] Die Beschäftigung weiblicher Bediensteter kann bei einer Gefahr für die Sittlichkeit untersagt werden. Eine Störung der öffentlichen Ordnung läßt sich für ausgesprochene Vergnügungsbetriebe in einer vorwiegend Wohnzwecken dienenden Gegend in der Regel rechtlich haltbar begründen.«

Um im Hintergrund der Debatte den rechtlichen Handlungsspielraum gegenüber den Betreibern der Lokale zu erweitern, wurde seitens des Baudirektors Klaus Tippel auch über baurechtliche Maßnahmen nachgedacht: Würde nämlich für die Leutweinstraße die Gewerbeklasse III (Mischgebiet Wohnen / Gewerbe) bestätigt, die bisher aufgrund des fehlenden baulichen Anschlusses an die Nordstraße abgelehnt wurde, so würden hier ganz andere Voraussetzungen bezüglich ruhestörenden Gewerbes gelten. Bei ordnungsgemäßer Anwendung dürfte selbst die »Bambus-Bar«, die als einzige Gaststätte in der Leutweinstraße die Gewerbeklasse II inne hat, als Gaststätte mit Nachtkonzession nicht genehmigt werden. Für die Nordstraße gälte Ähnliches. Baudirektor Tippel schrieb an Bausenator Emil

Personal und Gäste an der »Küste« interessierten die im Hintergrund stattfindenden Planungen für einen Umzug des Vergnügungsviertels wenig

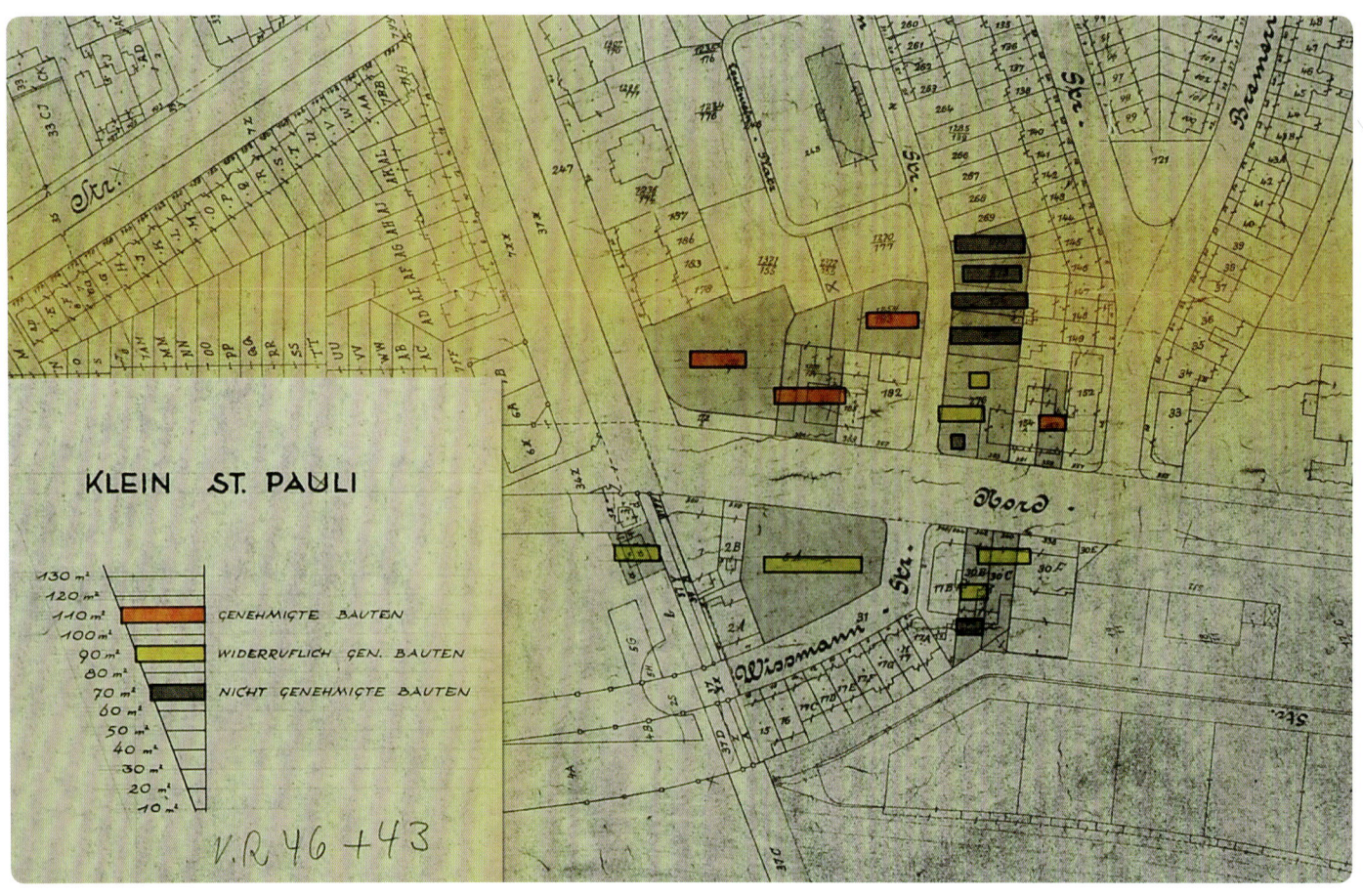

Die meisten der Lokale des »Klein-St.Pauli« waren ohne Baugenehmigung errichtet oder nur nachträglich auf Widerruf genehmigt worden, um keinen Bestandsschutz geben zu müssen

Theil am 23. Februar 1954: »Von 16 Gaststätten, Bars und Imbißständen an der Nordstraße sind vier genehmigt, acht mit Widerruf, und vier auf Grund des §3 Absatz 2 der Staffelbauordnung abgelehnt worden. Somit könnte bei zwölf Gaststätten, Bars oder sonstigen Vergnügungsstätten in der Nordstraße die Beseitigung verlangt werden.« Doch Senator Theil hatte bezüglich der gesamten Verlegung des Vergnügungsviertels Bedenken. Baudirektor Tippel in einer Notiz vom 23. April 1954: »Angelegenheit heute mit Herrn Senator Theil besprochen. Herr Senator Theil wies darauf hin, daß seine persönliche Meinung von der erarbeiteten abweiche. Er selbst sei der Meinung, daß man ein Vergnügungsviertel nicht schaffen könne, sondern daß es sich bilde. Ich pflichtete ihm insofern bei, als unsere Absichten lediglich das Gefälle schaffen sollen, das die Entwicklung in eine bestimmte Bahn lenkt. Zu diesem Gefälle treten die schärferen Anwendungen der gesetzlichen Vorschriften bei allen Betrieben, die in Wohngebieten stören. Dadurch wird ein evtl. sich anbietendes Areal für die Unternehmungen attraktiv werden.«

Das Projekt »Vergnügungsviertel« stagniert

Als sich Anfang 1955 immer noch keine Aussicht auf Verlegung der »Küste« abzeichnete, versuchte Kurt Lademann vom Bürgerverein für die westliche Vorstadt den Druck der Anwohner auf den Bausenator zu erhöhen. Er schrieb an Emil Theil am 23. Februar 1955: »Während die Behörden sonst bemüht waren, alle Baracken aus dem Blickfeld der Stadt verschwinden zu lassen, siedelten sich im Vergnügungsviertel Nordstraße / Leutweinstraße immer mehr barackenähnliche Bauten an und schädigten schon dadurch das Ansehen der Hafenstadt Bremen im Auslande, zumal in diesen Bauten nichts geboten wird und es nur Stätten des Lasters sind. Hieran kann auch eine noch so grelle Bemalung und Beleuchtung dieser Bauten nichts ändern. [...] Das Unwesen der Prostituierten und deren Zuhälter sowie Schlägereien haben in letzter Zeit Formen angenommen, die unmöglich zu beschreiben sind. Hierdurch werden die Kinder sittlich sehr gefährdet. Weiter sind Stimmen laut geworden, daß Eltern nicht bereit sind, ihre Kinder in die Oberschule am Waller Ring, die zur Zeit mit einem Kostenaufwand von über ½ Million DM wieder aufgebaut wird, zu schicken, um sie nicht den Gefahren des Vergnügungsviertels auszusetzen. Aus den genannten Gründen halten wir eine baldige Verlegung des Vergnügungsviertels für dringend erforderlich.«

Haben die Betreiber der Lokale überhaupt Interesse?

In der Behörde wuchsen derweil die Zweifel am Interesse der Betreiber der Lokale an einer Umsiedlung und mögliche Handhaben der staatlichen Stellen. In einem vertraulichen Bericht vom 10. Dezember 1955 über ein Gespräch zwischen Oberbaudirektor Franz Rosenberg und dem Unternehmer und Inhaber verschiedener Bars (u. a. »Golden City«, »Bambus-Bar«) Heinz Hermann Gerdes heißt es über diesen, »daß er wenig Neigung habe, das Risiko der ersten Ansiedlung zu tragen. […] Herr Gerdes meinte in diesem Zusammenhang, daß die Betriebe an der Leutweinstraße auch nicht verschwinden würden, einmal weil man keine Handhabe besitzt und zweitens, weil sie dort noch am günstigsten liegen«. Zusätzlich gibt er dem Oberbaudirektor noch einen wichtigen Tipp bezüglich des Erfolg versprechenden Stils eines möglichen Vergnügungs-Bauobjektes mit auf den Weg: »Er wies im Übrigen auf die Erfahrung hin, daß die Seeleute jede Gast- und Vergnügungsstätte, die anspruchsvoller sei, meiden. Es müsse einfach und schummerig sein, damit sie sich wohlfühlen. Ein Betrieb in der Leutweinstraße zum Beispiel habe dadurch sein Aussehen verbessern wollen, daß eine hellere Beleuchtung geschaffen worden wäre; prompt wären die Gäste ausgeblieben.«

Gleichzeitig musste die Baubehörde Anfragen von besorgten Bürgern bearbeiten, die bereits eine Belästigung durch ein Vergnügungsviertel am neuen Standort befürchteten. Rosenberg antwortete persönlich auf ein Schreiben der Bürgerin Frau Elly Röer aus der Nicolaistraße (im Stephaniviertel!) vom 14. September 1955: »Unabhängig von der Frage, ob das Vergnügungsviertel hier errichtet wird oder nicht, muß ich darauf hinweisen, daß die Luftlinienentfernung dieses Standortes von der Mitte der Nicolaistraße circa 600 Meter beträgt. Die tatsächliche Entfernung, die man auf den Straßen zurücklegen müßte, ist noch größer. Zudem verläuft zwischen der Nicolaistraße und diesem Standort das Gelände der Oldenburger Bahn. In dieser Situation von einer Anordnung ›in der Nähe‹ der Nicolaistraße zu sprechen,

Sie hätten wenig Handhabe gehabt, um einen Umzug der Vergnügungslokale zu erzwingen: Waller Schutzpolizisten in der Kantine des Hafenhochhauses

Linke Seite: Solche Bilder gehörten in Walle zum täglichen Bild: Ein Penner schläft vor der Tür des »Golden City« seinen Rausch aus …

… und ein Paar verschlingt sich hemmungslos

dürfte wohl übertrieben sein, und es kann kaum angenommen werden, daß der Lärm eines etwa an dem oben beschriebenen Standort errichteten Vergnügungsviertels über diese Entfernung hinweg für die Anwohner der Nicolaistraße eine Belästigung darstellen könnte, zumal bezweifelt werden muß, daß der Lärm des Vergnügungsviertels imstande sein könnte, den Lärm der Eisenbahnzüge in unmittelbarer Nähe der Nicolaistraße zu übertönen.«

Die Dringlichkeit nimmt zu

Kurt Lademann hatte inzwischen weitere zwei Jahre auf Änderungen der Zustände in der Leutweinstraße gewartet. Seine Bitten um Unterstützung bei Baurat Eilers, dem Präsidenten der Gesundheitsverwaltung, Greul, und Oberschulrat Berger waren wirkungslos verhallt. Am 25. Juni 1957 versuchte er, durch drastische Schilderungen des unzumutbaren Geschehens vor seiner Haustür in einem privaten Schreiben an Regierungsrat Lübben beim Senator für Inneres Wirkung zu erzielen: »z. B. konnte heute zwischen 6:30 Uhr und 7:40 Uhr Frau Schorr, Leutweinstraße 29, Mutter eines sechsjährigen – seit den Osterferien die Grundschule an der Nordstraße besuchenden – Jungen voller Entsetzen beobachten, wie – auch vor den Augen der in dieser Zeit zur Schule gehenden Oberschüler und Oberschülerinnen! – zwei Männer als offensichtliche Bar-Besucher aus ihrem Pkw zwei Sitze herausnehmen und dann nacheinander eine rothaarige Dirne im Alter von circa 45 Jahren geschlechtlich brauchten. – Gestern Vormittag erzählte mir Herr Rottmann, Leutweinstraße 27, daß vorgestern abend um etwa 22:00 Uhr 70–80 Personen hier in der Leutweinstraße zwei angetrunkene Männer umstanden, die sich offenbar schlagen wollten. Die Weiber aus dieser Menge heraus – die sich angeblich ausschließlich aus Besuchern der teils doch recht

»Villa Sorgenfrei« wurde an der »Küste« die Unterkunft einiger Frauen in der Hulsberger Straße bezeichnet. Auf dem dortigen Dachboden vermietete die Besitzerin »Nußknacker« (rechts im Bild) Betten, die nur durch Vorhänge voneinander getrennt waren. Viele Mädchen wohnten in solchen illegalen Gemeinschaftsunterkünften (zum Beispiel auch im »Martinihaus« genannten Trümmerhaus in der Kohlenstraße) oder in Parzellen und Baracken, woraus sich die im Bericht von Dr. Falliner genannte Zahl von »300 Mädchen ohne feste Wohnung« erklären lässt

fragwürdigen Bierlokale zusammensetze – sollen mehrmals gerufen haben: ›Nun fang doch endlich an!‹ – Vor etwa einer Woche gegen 9:00 Uhr, als ich zur Straßenbahn gehen wollte, waren auch zwei sich schlagende Männer vor der Gastwirtschaft Mosig zu beobachten. Diese Schlägerei soll später – nach Berichten der Anwohner aus der Leutweinstraße! – gegenüber der Manhattan-Bar auf deren Parkplatz in Anwesenheit von allerlei Besuchern aus den ›Kneipen‹ mit sehr ernstem Ausgang für den Schwächeren fortgesetzt worden sein! – Daß Dirnen, die doch unbedingt kaserniert in Freudenhäuser gehören, sich zu j e d e r Tages- und Nachtzeit insbesondere auf der Nordstraße zwischen Bremervörder Straße und Waller Ring bemerkbar machen, ist noch besonders zu erwähnen! Es muß also von allen Anwohnern des ›Klein-St. Pauli‹ dringend die möglichst umgehende Beseitigung dieser tatsächlich unerträglich gewordenen Mißstände gefordert werden.«

Wie hoch der Druck auf die Behörden gewesen sein muss, in Sachen Vergnügungsviertel eine Lösung zu finden, spiegelt sich in der hochrangigen Besetzung einer Sitzung vom 19. November 1957 im Dienstgebäude des Senators für Wirtschaft über Missstände im Vergnügungsviertel Leutweinstraße / Waller Ring wider. Anwesend waren die Leitungen nahezu aller Bremer Behörden: Dr. Keller vom Stadtplanungsamt, Dr. Rosenberg vom Senator für das Bauwesen, Dr. Meyer vom städtischen Verkehrsamt, Oberregierungsrat Höber und Senatsdirektor Löbert vom Senator für Inneres, Polizeipräsident von Bock und Pollach, Oberregierungsrat Biehusen und Regierungsrat Ehlers vom Stadt- und Polizeiamt, Generalstaatsanwalt Dünnebier, Dr. Falliner vom Hauptgesundheitsamt, die Verwaltungsamtmänner Friedrichsen und Schreier vom Jugendamt, Herr Falldorf vom Senator für das Jugendwesen, Senator Wolters, Dr. Rehm und Regierungsrat Bachmann, Frau Leffering und Herr Deppe vom Senator für Wirtschaft. Die Sitzung war aus Anlass der Schließung zweier Pensionen in der Slevogt- und Hohenlohestraße zustande gekommen, »in denen vorwiegend an Hafendirnen mit ihren meist ausländischen ›Freiern‹ Zimmer vermietet wurden. Diese Zimmer seien oft nur für kurze Zeit benutzt und während einer Nacht mehrfach vermietet worden. Diese Vermietung wurde in der Weise vorgenommen, daß an jedes Pärchen zwei Zimmer zu Preisen von circa 12 DM je Zimmer vermietet wurden. [Die Wirtin] selbst sei wegen Kuppelei zu einer Geldstrafe von DM 800,– verurteilt worden.« (Regierungsrat Bachmann aus dem Bericht der Sitzung). Die Anwesenden beratschlagten über die Schwierigkeiten des Umgangs mit dem »Kuppeleigesetz« (§ 180 StGB), nach dem wegen des Verfügungsrechtes der Frau über ihren Körper nicht die Prostitution an sich, sondern die Vermittlung von Wohnung in der Absicht, diese Person auszubeuten, unter Strafe gestellt werde. Generalstaatsanwalt Dr. Dünnebier berichtete von einem Bremerhavener Modell, »nach dem den Mädchen zu angemessenem Preise feste Zimmer, und zwar für einen längeren Zeitraum, vermietet würden. [...] Auf diese Weise sei einmal die Möglichkeit der Überwachung gegeben, zum anderen seien die Mädchen dadurch, daß sie die Zimmer langfristig mieteten, vor Ausbeutung geschützt.«

Dieses Modell könnte doch Grundlage für das bisher nicht verwirklichte Vergnügungsviertel im Gleisdreieck sein, waren sich die Anwesenden einig. Der Vertreter des Jugendamtes, Friedrichsen räumte ein, »sofern das neue Gebiet genügend abgeschirmt würde und das Gebiet strenger polizeilich überwacht werde, könnte Frau Senator Mevissen vielleicht solchem Plan zustimmen.« Daraufhin witterte Dr. Rosenberg Morgenluft für sein auf der Kippe stehendes Projekt und regte an, »Frau Senator Mevissen zu bitten, ihre Stellungnahme erneut zu überprüfen und ihre Bedenken gegen das Projekt Hans-Böckler-Straße zurückzustellen.« Sodann versuchte man, sich über den Umfang an Wohnräumen, den das neue Areal haben müsse, und die Frage, ob auch die Helenenstraße zugunsten des neuen Viertels verschwinden solle, klar zu werden. Doch genau wie das Interesse der Gastwirte ließ sich auch das Interesse der Prostituierten an einer Umsiedlung an dieser Stelle nicht einschätzen. »Die Zahl der Mädchen in der Hafengegend schwanke zwischen 300, 500 und 800, in der Helenenstraße wohnten 36 Mädchen. Von den genannten Hafenmädchen erschienen ca. 200 zur regelmäßigen Kontrolle im Gesundheitsamt, die Zahl der Erkrankungen sei erheblich. Die Zahl der im Jahre 1955 bekannt gewordenen Erkrankungsfälle betrage ca. 1400, 1956 1500 Fälle. [...] In der Helenenstraße seien 1955 vier Erkrankungen, 1957 noch keine Erkrankung festgestellt worden. [...] Hauptträger der Krankheiten seien die etwa 300 Mädchen, die ohne feste Wohnung sind. [...] Während das frühere bremische Gesetz eine zwangsweise Vorführung durch die Polizei ermöglichte, könne die Kontrolle heute nur freiwillig durchgeführt werden. Die genaue oder auch nur annähernde Zahl der an festen Wohnungen interessierten Mädchen lasse sich nicht bestimmen«, führte dazu Dr. Falliner vom Hauptgesundheitsamt aus. An dieser Stelle wurde seitens des Senatsdirektors Löbert empfohlen, einen Arbeitsausschuss zu bilden, der zu dem gesamten Problem eine Denkschrift auszuarbeiten habe.

In einem Rundschreiben vom 9. Dezember 1957 teilte Senatorin Mevissen den Teilnehmern der zitierten Sitzung mit, »daß ich mich nach wie vor nachdrücklichst dagegen aussprechen muß, daß ein evtl. neu zu schaffendes Vergnügungszentrum in unmittelbarer Nähe des Volkshauses und des Berufsbildungszentrums geplant wird. [...] Das berechtigte Argument, daß dieser rechtswidrige Zustand an der Leutweinstraße seit Jahren besteht und durch eine Neuplanung beendet werden soll, rechtfertigt in keinem Fall, den gleichen rechtswidrigen Zustand an anderer Stelle neu und planmäßig zu schaffen.«

Der »Elefant« an der Nordstraße – daneben die Wurstbude von »Adi & Bärbel«

Erst mal vom Tisch?

Ob es in der folgenden Senatssitzung, in der das Vergnügungsviertel besprochen wurde, geschah, dass Frau Mevissen »den vollen Strahl ihrer moralischen Entrüstung« auf Franz Rosenberg richtete, geht aus dem oben zitierten Bericht Rosenbergs aus dem Jahr 1981 nicht hervor. Fest steht allerdings, dass der Senat im Mai 1958 beschloss, »seine Entscheidung über das Vergnügungsviertel bis auf weiteres zu vertagen. In der Zwischenzeit soll geprüft werden, ob ein hafennahes Vergnügungsviertel nicht auf einem anderen Gelände entstehen kann. Die Senatorin für das Jugendwesen, Annemarie Mevissen, hat unter anderem dafür ein bisher noch unbenutztes Trümmergelände etwa in dem Gebiet des früheren Altenheims Kahrwegs-Asyl vorgeschlagen, südlich der Nordstraße und westlich der Hansestraße«, wie der »Weser-Kurier« unter der Überschrift »Wohin kommt ›Klein-St. Pauli‹?« am 7. Mai 1958 schrieb.

Vorläufig passierte in puncto Verlegung also weiter nichts. Aber die Behörden waren nicht untätig und brachten im Laufe des Jahres den schon 1954 angedachten und jetzt verschärft aufgelegten neuen Gewerbeklassenplan auf den Weg, durch den »diese Betriebe gezwungen würden, zu schließen oder umzusiedeln. […] Danach soll für diese Stadtgegend ein reines Wohngebiet ausgewiesen werden, in dem gastronomische Nachtbetriebe nicht zugelassen sind. Tritt der Plan in Kraft, so könnte man, wie weiter gesagt wird, allen im Waller-Ring-Viertel befindlichen Bars und Vergnügungsstätten polizeilich die Konzession entziehen«, wie die »Bremer Nachrichten« vom 1. Dezember 1958 meldeten. Ganz so dramatisch war die Lage nicht, denn laut Mitteilung des Senats an die Stadtbürgerschaft vom 15. März 1960 war die Bauverwaltung zwar beauftragt worden, für den Bereich Waller Ring / Leutweinstraße die Gewerbeklasse IV (= reines Wohngebiet nach altem bremischen Planungsrecht) vorzusehen, »um die seit Jahrzehnten vorhandene und weitaus überwiegende Wohnbebauung vor den Auswirkungen der in den letzten Jahren eingesickerten Betriebe zu bewahren«. Doch alle Beteiligten wussten auch, »daß die beabsichtigten Maßnahmen nur dann Erfolg haben werden, wenn vor Eingriffen in die vorhandene Substanz Vorsorge getroffen wird, daß die Betriebe sich an anderer Stelle planmäßig ansiedeln können; geschieht dies nicht, wird ein erneutes unkontrolliertes Einsickern in andere ebenso wenig geeignete Gebiete unvermeidbar sein.« Trotzdem

Else Körner beim Umtrunk mit Gästen im »Elefant«

In der Leutweinstraße gab es auch eine Schießbude

fühlten sich die Betreiber der »Küsten«-Lokale wohl erstmals richtig bedroht, was dadurch zum Ausdruck kam, dass 19 von ihnen (manche für mehrere Lokale zuständig) Einwendungen erhoben, teilweise vertreten durch renommierte Anwaltskanzleien wie Dr. Winkelmann / Dr. Bellmer / Dr. Höhne / Fischer / Reinstorf / Fahrenholz für Else Körner vom »Elefant« oder Dr. B. Gätjen / Dr. Einem / Dr. K. Gätjen / Dr. Klenk für Elisabeth Perkuhn vom »Manhattan«.

Ihr Hauptargument: »Sofern sich die Behörde die bekannten Gesichtspunkte des Bürgervereins gegen diese Gaststätten zu eigen mache und die Beanstandungen nicht im Rahmen der der Polizei zustehenden Befugnisse beseitigen könne, dürfe nicht über polizeifremde Maßnahmen wie hier mit einer Änderung der Gewerbeklasse versucht werden, den erstrebten Zweck zu erreichen«, heißt es weiter in der Senatsmitteilung. Daraufhin erwiderte die Baubehörde: »Soweit die Bauten mit Genehmigung errichtet worden sind, genießen sie den Schutz des § 13 Staffelbauordnung. Sie werden daher in ihrer wirtschaftlichen Entwicklung, soweit keine wesentlich höhere Belästigung oder Gefährdung damit verbunden ist, nicht behindert. […] Für die baupolizeilich nicht genehmigten Bauten können die vorstehenden Bestimmungen nicht angewendet werden. Dies trifft insbesondere für die in den Einwendungen zu Nr. 6, 8, 9, 11, 14, 16, 17, 18, 19 behandelten Bauten [»Stern-Bar«, »Manhattan«, »Alte Liebe«, »SOS-Bar«, »Schlüsselboje«, »Elefant«, »Golden City«, »Arizona«, »Nordlicht«, »St. Pauli« und zwei Schießbuden] zu. Es besteht keine Veranlassung, diese ungesetzlich entstandenen Bauten zu schützen.«

Endlich ein idealer Standort

Immer noch auf der Suche nach einer einvernehmlichen Lösung für alle Beteiligten trat die Baubehörde im Herbst 1960 mit einem veränderten Plan an die Öffentlichkeit und – siehe da – erreichte endlich einen einvernehmlichen Beschluss des Senats. Der »Weser-Kurier« meldete am 26. Oktober 1960 unter dem Titel: »Senat beendet ein jahrelanges Tauziehen – ›Klein-St. Pauli‹ soll endlich umziehen«: »Der neue Standort ist auf allen Seiten von Bahn- und Straßendämmen umschlossen und nur vom Korffsdeich her zu erreichen. Die Senatorin für das Jugendwesen hat aus diesem Grunde ihre Bedenken fallen lassen.« Nun scheint die Sache ins Rollen zu kommen, denn »Bürgermeister Adolf Ehlers teilte gestern in der Senatssitzung mit, es hätten sich bereits Interessenten gemeldet, die auf dem neuen Gelände einen Anfang machen wollen. Es sind nicht nur Inhaber von Lokalen

Damit das neuzubauende Vergnügungsviertel nicht die im Berufsschulzentrum und im Volkshaus ein und ausgehenden Jugendlichen sittlich gefährden konnte, wurde 1960 ein neuer Standort gefunden, der von allen Seiten von Bahn- und Straßendämmen umschlossen und nur vom Korffsdeich her zu betreten wäre. Auf dem Plan ist oben das Volkshaus zu erkennen, und auch die Trasse der neuen B75 nach Oldenburg ist bereits dargestellt

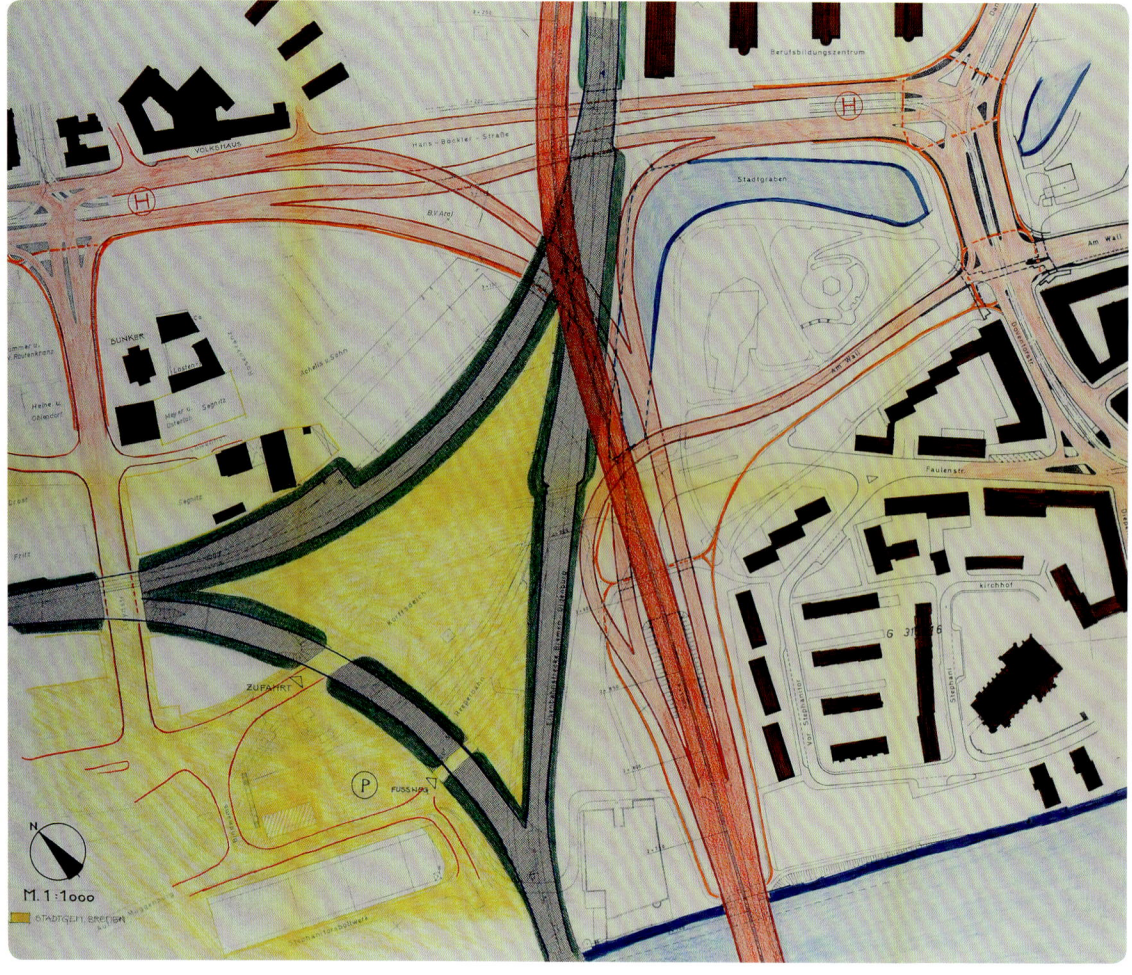

aus der Nordstraße und dem Waller Ring, sondern auch finanzkräftige auswärtige Unternehmen, die bisher keinen geeigneten Standort für ein Lokal in der Hansestadt finden konnten.«

Doch am selben Tag wie der »Weser-Kurier« fragten die »Bremer Nachrichten«: »Und wie reagieren die Betroffenen? Wir sprachen mit dem Besitzer einiger Lokale in ›Klein-St. Pauli‹, der uns erklärte, er wolle nicht in das neue Gebiet ziehen. ›Wir haben nicht das Geld, um auf dem jetzt vom Staat angebotenen Pachtland bei den heutigen Baupreisen neue Gaststätten zu bauen‹ meinte er. Zudem liege das vorgesehene Gelände zu weit vom Hafen weg. ›Der Europahafen bringt uns kein großes Geschäft. Wenn man unsere Betriebe schon verlegen will, dann allenfalls in Richtung der Klöcknerhäfen, nicht aber in Richtung Innenstadt. Und nicht zu weit vom Hafenausgang weg, denn kein Seemann fährt heute noch mit dem Taxi zu uns.‹ Der Gaststättenbesitzer fügte allerdings hinzu, wenn der Senat den Betroffenen die Getränkesteuer und sonstige Abgaben für einen gewissen Zeitraum erlassen würde und außerdem mit Zins- und Tilgungshilfen für neue Gaststätten im geplanten Vergnügungsviertel aufwarten werde, könnte man in seinem Kollegenkreis unter Umständen anderen Sinnes werden.«

Und wieder Warten…

Nach dem erfolgreichen Beschluss des Senats vergingen nun weitere sechs Jahre, bis Senatsbaudirektor Rosenberg den Mitgliedern des Bürgervereins für die westliche Vorstadt in ihrer Versammlung zwei gute Nachrichten brachte, wie der »Weser-Kurier« unter dem Titel »Bahndämme schließen das neue ›Klein-St. Pauli‹ ab« am 26. Januar 1967 berichtete:

– »Alle Grundstücke innerhalb des zur Zeit noch vom Korffsdeich durchschnittenen Gleisdreiecks, in dem

das neue ›Klein-St. Pauli‹ entstehen soll, befinden sich seit Ende 1966 in der Hand der Stadt.
– Zwei Bau- und Finanzierungsgesellschaften haben damit begonnen, mit den interessierten Gastronomen zu verhandeln. Sie werden auch Wohnheime für Dirnen errichten.

[...] Auch der Bordellbetrieb in der Helenenstraße, inmitten des dicht bewohnten Steintorviertels, soll aufgehoben und in das neue Vergnügungsviertel verlegt werden. [...] Die für die Bewohner von Walle brennende Frage, wann mit dem Bau des neuen Vergnügungsquartiers begonnen werden kann und wann die durchweg primitiven Nachtbars an der Nordstraße schließen, konnte auch der Chef der Bauverwaltung nicht beantworten. Er ließ durchblicken, der Engpaß auf dem Kapitalmarkt [1967 gab es eine kleine Konjunkturdelle – F.W.] werde das Projekt nicht eben fördern.«

Dürftige Polizeimaßnahmen

Die Verlegung kam nicht in Sicht, und die Polzei war weiterhin nicht in der Lage, die Missstände rund um die Nordstraße abzustellen. Denn die ihr zur Verfügung ste-

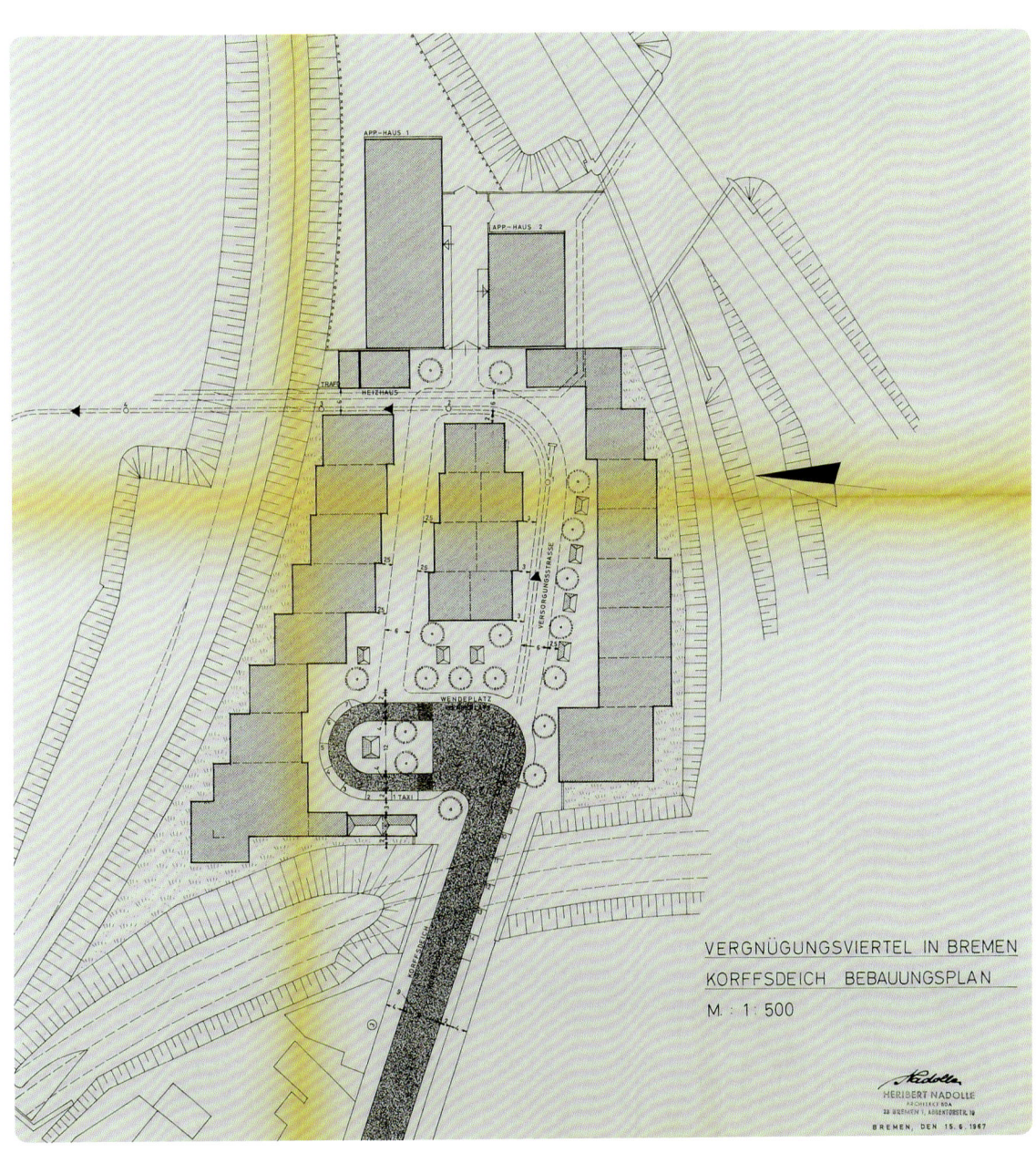

So stellte sich der Architekt Herbert Nadolle 1967 das Innenleben des neuen Liebescenters vor: Etwa 25 Lokal-Einheiten, zwei Appartementhäuser, Heizhaus, Versorgungsstraße, Taxi- und Wendeplatz

henden rechtlichen Möglichkeiten waren denkbar dürftig. Wie der ehemalige Wachtmeister Hans-Günther Prigge im Kapitel »Banditen« so schön schildert, lauerten die Beamten zum Beispiel kopulierenden Paaren auf, bis ein Kondom weggeworfen und so eine Anzeige wegen Verschmutzung geschrieben werden konnte. Auf der oben genannten Versammlung wurden seitens der Polizei weitere Ansätze geschildert: »Immerhin versuchte die Polizei den Dirnen durch Halte- und Durchfahrtverbote in den besonders betroffenen Wohnstraßen die Möglichkeit zu nehmen, sich von den meist motorisierten Freiern ansprechen zu lassen. In der seit dem 11. Januar für den Durchgangsverkehr gesperrten Bremervörder Straße wurden innerhalb von zehn Tagen 600 Autofahrer mit fünf Mark gebührenpflichtig verwarnt.

Lebhaft geklagt wurde in der Versammlung über Lastwagenfahrer, die nachts mit ihren Freundinnen in der Bogenstraße, in der Pfeilstraße und in der Wiedstraße parken. Hauptkommissar Karl-Heinz Lehners von der Polizeiwache 16 sagte zu, die Verhältnisse in den beiden zuletzt genannten Straßen zu überprüfen. Die Bogenstraße lasse sich jedoch auf keinen Fall für den allgemeinen Fahrzeugverkehr sperren, weil sie in Verbindung mit der Tilsiter Straße als Hafenzufahrt noch unentbehrlich sei.« (»Weser-Kurier« vom 26. Januar 1967)

Der Bausenator unternahm in der nächsten Zeit weitere Schritte, die den Eindruck festigten, die Grundsteinlegung für das Vergnügungsviertel stehe bald bevor. 1966/67 wurden seitens der Stadtwerke Versorgungsleitungen in das Gleisdreieck gelegt. 1967 wurde der Bremer Architekt Heribert Nadolle beauftragt, einen Bebauungsplan zu erstellen.

Beratung in Hamburg

Am 6. Januar 1968 waren Mitarbeiter der Baubehörde zu Gast beim Bezirksamt Hamburg-Mitte, um sich in Sachen »Bau eines Eros-Centers« beraten zu lassen. Die Hamburger Beamten empfahlen, die am Bau interessierte Hochbau GmbH eine Genossenschaft zur Finanzierung des Objekts bilden zu lassen und keinesfalls die Betreiber selbst in Finanzierungsverträge einzubinden. Amtmann Buchholz vom Bezirksamt Hamburg-Mitte gab zu bedenken, »ein Strich sei schwer zu verlegen, denn die Mentalität des derartige Stätten aufsuchenden Personenkreises sei mehr dem ursprünglichen und ungeordneten St. Pauli-Milieu verhaftet und die geordneten Verhältnisse im Eros-Center [Hamburg] würden von dem einschlägigen Publikum als ›krankenhausähnlich‹ empfunden«. Den Bremern wird vorgeschlagen, sie sollen durch Unternehmer ein Apartmenthaus an der »Küste« einrichten lassen.

Doch weiter passiert nichts

Die Senatsentscheidung zur Verlegung war mittlerweile beinahe zehn Jahre alt, die Nachrichten über den Ankauf der Grundstücke und das Interesse der Finanzierungsgesellschaften lagen drei Jahre zurück. Hatte die Baubehörde und der Senat Angst vor der eigenen Courage, den Bau des Vergnügungsviertels am Gleisdreieck tatkräftig anzupacken? Fehlten doch die Investoren? Man weiß zumindest aus den Akten, dass keiner der Interessenten Hochbau GmbH und Grundstücksgesellschaft Weser als offizieller Träger auftreten wollte. Möglicherweise glaubte man auch nicht mehr daran, dass der behördliche Druck auf die Betreiber der Hafenlokale ausreichen würde, sie zu einem Umzug zu bewegen?

Jedenfalls lud der Bürgerverein für die westliche Vorstadt im April 1970 die empörten Einwohner zu einer stark besuchten Protestversammlung ins Niederdeutsche

Lokalbesitzer, Damen und anderes Personal befürchteten, dass der neue Standort zu abgelegen wäre und sich das Geschäft dort nicht lohnen würde

Mit Anzeigen wegen Verschmutzung, Halte- und Durchfahrverboten versuchte die Polizei sexuelle Ausschweifungen in der Öffentlichkeit und den Straßenstrich in den Wohnstraßen zu bekämpfen – mit wenig Erfolg

Theater ein, von der der »Weser-Kurier« vom 25. April 1970 die Bilanz zog: »Kein Interesse für ›Klein-St. Pauli‹« und offenbarte: »Von dem Plan, fernab von Wohngebieten ein Hafenvergnügungsviertel mit Amüsierbetrieben, Kneipen und natürlich auch mit ›Mädchenwohnheimen‹ zu errichten, ist Bremen heute weiter entfernt denn je. […] Baudirektor Eilers vom Stadtplanungsamt erntete am Montagabend ungläubiges Staunen, als er berichtete, nur ein einziges auswärtiges, finanziell potentes Unternehmen habe für das Projekt Interesse gezeigt. Man habe auf Angebote von auswärts aber nicht gern reflektiert, weil es ja von Anfang an um die Umsiedlung der Kneipen aus der Nordstraße gegangen sei. Die aber machten bis heute glaubhaft, die Umsiedlung sei für sie zu teuer und mit vielen Risiken behaftet. […]«

Was die Zeitzeugen dazu wussten:

Hans-Horst Forster: Man hat auch damals von diesen Betreibern her befürchtet, dass das zu abgelegen ist. Denn hier an der Nordstraße war ja Bewegung. Da war Betrieb, verkehrsmäßig und auch sowieso.

Erwin Krüger: Die ham sich das damals mal ausrechnen lassen. Die Dinger, so wie sie da standen, warn die jetzt von rechtlicher Seite gar nicht mehr zugelassen. Da warn ja keine Angestellten-Toiletten – da war ja gar nichts. Aber diese ganzen Auflagen hätten die jetzt gekriegt. Ham die gesagt: »Bin ich denn bekloppt, ich sitz hier mit meinem Ding.«

Einigermaßen erschrocken erfuhren die Waller Bürger, dass der fix und fertig vorbereitete Bebauungsplan für das bewusste Gleisdreieck aus diesen Gründen zurückgestellt und gar nicht an die Bürgerschaft weitergeleitet ist. […] Bürgervereinsvorsitzender Friedrich Paleschke, seit Jahren rührigster Streiter für ein sauberes Walle, äußerte in diesem Zusammenhang den Verdacht: »Die Barbetriebe haben an der Umsiedlung überhaupt kein Interesse.«

Erwin Krüger: Doch … da wärn vielleicht schon ein paar hingekommen. Und dann kamen Hamburger und die ham gesagt: »Hamburger ham ja Geld«, die ganzen Oberloddel da, und die wollten sie nicht haben da, dann ham se schnell das Ding untern Tisch fallen lassen.

Tatsächlich hatten sie 1959 als Voraussetzung gefordert, erst müsse man ihnen ein Ersatzgelände nachweisen. Das ist geschehen – doch nun fehlt es plötzlich an Geld, und die Kneipen sind immer noch da. Paleschke schlug deshalb vor, nunmehr endlich die Nordstraße bis zur Emder Straße auszubauen, um damit einige Barbetriebe zu vertreiben. [...] Dieser Ausbau würde nach Paleschkes Ansicht auch das Hauptärgernis, den Autostrich, wenigstens aus der Nordstraße verbannen. Denn eine breite Straße mit Mittelstreifen, auf dem Gebüsch und ein Drahtzaun stehen, biete den Liebesdienerinnen keine Möglichkeit mehr, rasch von einer Seite der Fahrbahn zur anderen zu wechseln. Ob der Ausbau allerdings auch das sogenannte »Waller Liebeskarussell« – das unablässige Um-den-Pudding-Fahren von Autos, deren Stoppen bringen würde, bleibt zweifelhaft.

Endlich ein behördlicher Erfolg

So blieb es erst mal dabei, dass die Realisierung des Vergnügungsviertels Gleisdreieck zwar beschlossene Sache war aber weiter nicht vorangetrieben wird. Eine neue behördliche Maßnahme im Kampf um die Moral konnte zumindest das »Waller Liebeskarussell« stoppen und den entnervten Anwohnern der »Küste« nach 14 Jahren erstmals Erleichterung bringen: Am 2. Mai 1971 trat eine Sperrverordnung mit dem Verbot in Kraft, »im Gebiet der Stadtgemeinde Bremen auf öffentlichen Straßen, Wegen, Plätzen, in öffentlichen Anlagen und an sonstigen Orten, die von dort aus eingesehen werden können, der Gewerbsunzucht nachzugehen.« Eine Ausnahme wurde nur für Abschnitte der Cuxhavener und Tilsiter Straße und des Fabrikenufers in der Zeit von 18 bis 5 Uhr gewährt. Da Zuwiderhandlung mit Geldstrafen bis 500 D-Mark oder Freiheitsstrafe bis sechs Wochen bestraft wurden, konnte durch diese Sperrverordnung das Problem des Straßen- und Autostrichs rund um den Hafenausgang deutlich entschärft werden.

Gleisdreieck ade

Zusammen mit der Meldung, die Sperrverordnung habe den Autostrich aus den Wohnbezirken vertrieben, formulierte der »Weser-Kurier« unter dem Titel »Polizei: Gleisdreieck für ein Amüsierviertel zu groß« am 6. Juni 1973 auch bereits den allmählichen Ausstieg der Stadt aus den Planungen: »Niemand garantiere dafür, daß man genug Unternehmer findet, die es auf Anhieb mit eigenen Mitteln – ohne finanzielle Bürgschaften der Stadt – mit Gebäuden für Dirnenapartements und Lokale füllen können. Es bestehe die Gefahr, daß hier ein Torso entstehe und auf viele Jahre kostbares Gelände weiterhin brachliege, wohingegen die als Interessent aufgetretene Kaffeefirma (Eduscho) am Europahafen von heute auf morgen das Gleisdreieck voll bebauen würde.«

Die Voraussetzungen für das Geschäft mit der Prostitution haben sich allerdings auch durch die allgemeinen Lockerungen der Moral in den 70er Jahren verändert. Mittlerweile zählte der »Weser-Kurier« 23 über die Stadt verteilte Bordellbetriebe – mit steigender Tendenz.

Der endgültige Abschied von einem gesamtstädtischen Vergnügungsviertel am Gleisdreieck wurde der Bremer Öffentlichkeit im »Weser-Kurier« vom 7. Februar 1975 berichtet – allerdings im gleichen Atemzug mit einem neuen Vorschlag –, diesmal zur Bekämpfung der »Wildwuchs-Bordelle«, die, als Nachtbars getarnt, überall in der Hansestadt aus dem Boden schossen. Unter der Überschrift: »›Geschäft mit der Liebe‹ bald Sache der Stadt?« las man hier: »Angesichts ständig steigender Zahlen zweifelhafter Etablissements in der Hansestadt will Bremen jetzt handeln. Freilich – mit möglicherweise

Begünstigt durch die Abschaffung des Kuppeleiparagrafen und die allgemeine Lockerung der Moral, entstanden von 1973 an über die ganze Stadt verteilte Bordellbetriebe. Der »Weser-Kurier« zählte 23 Stück. Ein großes Eros-Center hatte sich erübrigt

Mit einer Sperrverordnung vom Mai 1971 konnte der Autostrich von der »Küste« an die Cuxhavener und umliegende Straßen verdrängt werden. Dort befindet er sich heute noch

sensationellen Mitteln. Hinter sorgsam verriegelten Türen beraten ranghohe Beamte gegenwärtig ein Vorhaben, das bislang als undenkbar galt: den Bau kommunaler ›Herbergen der käuflichen Liebe‹. […] Inzwischen können sich allerdings Bremens Politiker auf das Projekt Gleisdreieck nicht mehr berufen. Experten wissen seit Monaten: Der vor Jahren im großen Stil geplante ›Liebespalast‹ wird niemals gebaut. Zwei Gründe haben die einstigen Pläne mittlerweile für immer in die Aktenschränke verbannt: Zum einen […] haben sich die großen Häuser nicht bewährt. Wie Beispiele in anderen Städten zeigen, gehen die Massen-Etablissements reihenweise pleite. Außerdem wurde plötzlich eine neue bauliche Schwierigkeit am Gleisdreieck entdeckt: Der Zugang zu dem Bremer Großbordell wäre nur durch einen Tunnel möglich. Dort aber – warnt die Kripo – könnten Kriminelle den ›Kunden‹ auflauern und sie später erpressen.«

Die neue Idee für eine saubere Strichszene ohne sie umgebende Kriminalität sah vor, auf das Stadtgebiet verteilt fünf Bordelle mit jeweils etwa zehn bis fünfzehn Mädchen zu errichten. Der Clou daran sei, »daß diese staatlich finanzierten Bordelle nach der Fertigstellung von Beamten bewirtschaftet werden. Witzeln SPD-Deputierte: ›Wenn das durchkommt, bauen wir in Zukunft Freudenhäuser wie Hallenbäder‹.«

Es sei noch hinzugefügt, dass neben der Möglichkeit eines kommunalen Betriebs der Bordelle auch die Errichtung und der Betrieb durch ein Konsortium von Geschäftsleuten und die Errichtung und Verpachtung durch die Stadt im Gespräch waren.

Die endgültige Beerdigung der Planungsträume von der Verlagerung von ›Klein-St. Pauli‹ wurde also durch die Veröffentlichung neuer, noch kühnerer Pläne zum Betrieb kommunaler Freudenhäuser getarnt. Das eine war so wenig ernsthaft wie das andere. Es drängt sich der Eindruck auf, dass es in beiden Fällen vielmehr darum ging, in einer Art »kreiselndem Verwaltungshandeln« die offensichtliche Hilflosigkeit der Bremer Behörden und der politischen Führung hinter großer planerischer Geschäftigkeit zu verbergen.

Der Untergang

Dass diese »Blechkiste« sich einmal durchsetzen würde, war Ende der 60er Jahre noch nicht abzusehen. Für das Erinnerungsfoto der Bremer Lagerhaus Gesellschaft stand eine Sekretärin aus dem Büro im Hafenhochhaus mal eben Modell.

Wie es mit der »Küste« dann wirklich zu Ende ging

Der Container…

Als am 6. Mai 1966 im Bremer Überseehafen der erste Container auf deutschem Boden an Land gehievt wurde, ahnte noch niemand, dass diese Transportkiste den globalen Seeverkehr revolutionieren und in weniger als 20 Jahren einen Strukturwandel in allen Hafenstädten der Welt auslösen würde. Nur wenige glaubten an einen Erfolg. Der Erfinder der Blechbox, der Fuhrunternehmer Malcolm McLean aus North Carolina, hatte die Idee, als er mal wieder lange warten musste, bis alle Baumwollballen aus seinem Lkw entladen waren. Zuerst versuchte er, den ganzen Lkw an Bord hieven zu lassen, später experimentierte er mit riesigen Kisten, die direkt vom Schiff auf den Lkw oder den Waggon gesetzt wurden. Der Container war erfunden!

Wenn man bedenkt, dass ein Arbeiter im Bremer Hafen etwa vier Stunden für das Entladen von 360 Kaffeesäcken brauchte und ein Container mit demselben Inhalt heute in zwei bis drei Minuten das Transportfahrzeug wechselt, kann man verstehen, warum sich dieser Behälter trotz anfänglicher Skepsis der Hafenwirtschaft innerhalb kürzester Zeit weltweit durchsetzte und damit Tausende von Hafenarbeitern den Job kostete.

Der Container ist wie eine Pipeline, die die entferntesten Orte der Erde miteinander verbindet. Die Ware wird am Ausgangspunkt im Container gestaut und erst am Bestimmungsort wieder herausgeholt, während Stück-, Sack- und Schüttgut in der Regel zehn- bis zwanzigmal bearbeitet, bewegt und gestaut werden muss, bis es seinen Empfänger erreicht.

…verändert die Arbeit auf See und im Hafen

Diese beispiellose Zeitersparnis beim Laden und Löschen beschleunigte und verbilligte den gesamten Welthandel in ungeheurem Maß und löste damit auch einen grundlegenden Wandel der Arbeitsbedingungen auf See und im Hafen aus.

Umschlagmengen, für die vorher zahllose Hafenarbeiter körperlich hart arbeiten mussten, werden heute mit einem Bruchteil von hoch qualifizierten Maschinenbedienern erledigt. Die Besatzungen der Schiffe sind mit der Automatisierung an Bord ebenfalls stark geschrumpft. Die Liegezeiten der Schiffe werden nicht mehr in Tagen, sondern in Minuten gerechnet. Eine halbe Stunde Verspätung bei der Abfahrt kann einen Reeder schon mal

Am 6. Mai 1966 wurde im Bremer Überseehafen der erste Container in Deutschland an Land gehievt. Eine Revolution des globalen Seehandels begann und führte schließlich zu einem Strukturwandel in allen Hafenstädten

20.000 Euro kosten. Wer kann sich da ein Versacken in der Kneipe erlauben?

Die wachsenden Schiffsgrößen für den Containerumschlag erfordern außerdem eine enorme Wassertiefe und großflächige Anlagen, sodass neue Häfen an den Mündungen der Flüsse entstehen. Der Umschlag ist mittlerweile weltweit standardisiert und optimiert. Seefahrt und Hafenwirtschaft sind globalisierte Wirtschaftszweige geworden.

Der Zusammenbruch der Bremer Traditionswerft A.G. »Weser« 1983 hatte erhebliche soziale und wirtschaftliche Auswirkungen auf die Stadtteile Gröpelingen und Walle. Im Bild die »Beerdigung« der »Use Akschen« am 31. Dezember 1983

Rechte Seite: Dem Ausbau der Nordstraße fielen alle Lokale am Waller Stieg, in der Wißmann- und auf der südlichen Seite der Nordstraße zum Opfer. Hier die Baustelle 1978 – an diesem Ort stand einmal das »Golden City«

Das Ende der Vergnügungsmeilen

Alle diese Faktoren führten dazu, dass – wie in allen Hafenstädten der Welt – immer weniger Schiffe mit immer weniger Seeleuten die stadtbremischen Häfen ansteuerten. Und den immer weniger eintreffenden Feierlustigen blieb immer weniger Zeit für den Besuch eines Hafenlokals.

Eine weitere Neuerung sorgte dafür, dass auch ihre Taschen nicht mehr voller Geld waren: Die bargeldlose Überweisung von Heuer und Überstundenlohn auf das Girokonto setzte sich in den 70er Jahren endgültig durch. Mehr und mehr Menschen besaßen zudem Fernseher, im Jahr 1970 waren es drei Viertel aller Privathaushalte, und auch deshalb blieben die Kneipentresen immer öfter leer.

Die Entlassung von Tausenden von Hafenarbeitern führte im Stadtteil Walle zu einem beispiellosen Niedergang, besonders als 1983 mit der A.G. »Weser« der größte Arbeitgeber im Bremer Westen schließen musste, da er gegen die günstige Konkurrenz aus Ostasien nicht mehr konkurrenzfähig war. Nach dem Mauerfall wurde das Transportgeschäft mit Osteuropa auf die ostdeutschen Häfen oder die Schiene verlagert und somit verirrte sich nur noch selten ein Schiff in den Europa- oder Überseehafen. Auch an der »Küste« war den Lokalbesitzern, Barfrauen, Prostituierten und sonstigen Beschäftigten das Feiern vergangen. Das große Geschäft war vorbei. Die »Familie« an der »Küste« brach auseinander.

Mit der Aufschichtung des Deichs als Trasse für die Hafenbahn (für die dann wegen des Niedergangs im Hafen nicht einmal mehr Schienen verlegt wurden) und dem Ausbau der Nordstraße, der Mitte der 70er Jahre begonnen wurde, kam schließlich der Abriss für alle Lokale am Waller Stieg, in der Wißmann- und auf der südlichen Seite der Nordstraße. Übrig blieben »Krokodil«, »Elefant« und »Hawaii-Bier-Bar« (heute: »Peppers«) sowie die Bars in der Leutweinstraße, die fortan ein vergleichsweise kümmerliches Dasein führten.

Zeitzeugen erzählen

»Die Atmosphäre, die wir da hatten, die gab's ja sonst in Kneipen überhaupt nicht – das haben wir erst später in Studentenkneipen wiedergefunden – Antikonventionell war das«
Peter Benje

»Ach, herrlich – gemütlich«   Eine Prostituierte

»Das war 'ne schöne und die beste Zeit – die gibt's nicht wieder und die kommt auch nicht wieder«
Bernie Becker

»Is doch wahr ... hör doch auf ... nee, nee«   Eine Prostituierte

Die Seeleute haben keine Zeit mehr

Hartmut Schwerdtfeger: Das alte Stückgutgeschäft gibt es kaum noch. Der verbliebene Rest wird mit modernem Gerät wesentlich schneller geladen und gelöscht. Rollende Ladung und vor allem der Container haben mehr als 90 Prozent der Seeverkehre erobert. Schiffe und Seehäfen haben sich – wie alle anderen Wirtschaftszweige auch – modernisiert, standardisiert und so weit es geht automatisiert. Ein Container ist praktisch eine komplette Lkw-Ladung oder ein Eisenbahnwaggon. Damit hat sich die Produktivität gegenüber dem alten Stückgutumschlag etwa verzwanzigfacht. Ähnlich ist es bei der rollenden Ladung, die über große Rampen schnell an und von Bord gefahren werden kann. Zwei Schichten im Hafen sind häufig genug.

Die Liegezeiten sind auf unter einen Tag geschrumpft, und ein modernes Frachtschiff fährt mit weniger als 20 Mann Besatzung. Die größten Schiffe haben bis zu 15.500 Standard-Container an Bord. Sie sind rund 400 Meter lang und können weit über 100.000 Tonnen Fracht tragen. Für einen Landgang gibt es bei den kurzen Liegezeiten kaum eine Chance – höchstens mal für einen schnellen Arztbesuch.

Für die Vergnügungsmeilen an den Hafenrandgebieten bedeutete die Industrialisierung der Seeverkehre und der Häfen den Tod. Die Seeleute haben einfach keine Zeit mehr. Durch Ausflaggung und Zweitregister ist auch das Einkommen – mit Ausnahmen bei den Patentinhabern – wesentlich geringer als früher.

Randbemerkung von Hartmut Schwerdtfeger

In diesem Zusammenhang aber von einem Niedergang der Häfen insgesamt zu sprechen, ist völlig falsch! Der Jahresumschlag in den bremischen Häfen verdoppelte sich von 1960 bis 1990 auf 30 Millionen Tonnen und liegt heute, nur 20 Jahre später, bereits bei 70 Millionen Tonnen. Dabei stehen die großen Container- und Autoterminals in Bremerhaven im Vordergrund. In Bremen ist es vor allem der Neustädter Hafen auf der linken Weserseite und der Industriehafen im Norden der Stadt. Fast 90 Prozent des Gesamtumschlags der Bremischen Häfen laufen über die Terminals der BLG und ihrer Beteiligungen.

Trotz der hohen Produktivität sind Hafendienstleistungen beschäftigungsintensiv. Gerade in der Gegenwart gelten die großen Seehäfen als Jobmaschinen. Aber es sind nicht nur die sichtbaren Hafenanlagen, die für Arbeitsplätze sorgen. Inzwischen arbeiten ebenso viele Menschen in den Logistikzentren und damit praktisch unsichtbar hinter den Kulissen. Allein die BLG sichert in Bremen und Bremerhaven einschließlich ihrer Beteiligungen und beim GHB fast 7500 Arbeitsplätze – mehr als je zuvor.

Kleine Besatzungen, kurze und teure Liegezeiten, kaum Zeit für einen Landgang – immer weniger Seeleute kamen in die übriggebliebenen Lokale der sterbenden »Küste«

Tatsächlich war es bei den amerikanischen Soldaten Sitte gewesen, das Geld für den Abend auf dem Tresen vor sich liegen zu haben und die Barfrau für jedes Getränk davon abrechnen zu lassen. Von Bauern aus der Umgegend wird berichtet, dass sie ihr gesamtes Portemonnaie liegen ließen, wenn sie zur Toilette mussten. Diese Vertrauensseligkeit war später wohl nicht mehr möglich. Ein Betrugsversuch mit K.o.-Tropfen spielte sich vor den Augen von Erwin Krüger so ab: Ein Türke, der sich in der »Hawaii-Bier-Bar« zur Übergabe von 3000 DM für ein Auto verabredet hatte, wurde bei dieser Verabredung belauscht. Während er nun in der »Hawaii-Bier-Bar« auf den Verkäufer wartete, tat man ihm K.o.-Tropfen ins Getränk. Da er nicht ganz betäubt war, merkte er, wie ihm sein Geld aus der Tasche gezogen wurde, und rief laut um Hilfe. Der Wirt (Erwin Krüger) reagierte schnell und sperrte die Tür ab. So konnte der Täter gefasst und das Geld zurückgegeben werden

Das Girokonto ersetzt die Lohntüte

Hannelore Dopmann: Dann gab es irgendwann das Girokonto. Da wurde alles weniger. Da sind die Frauen auch mal dahintergekommen, wie viel Geld die Männer verdient haben. Der Einbruch für die Clubs war sehr, sehr hart. Weil – vorher ham viele Frauen ja am Wochenende nichts mehr aufm Tisch gehabt, weil das die Männer versoffen haben. Durch die Lohntüten. Das ist doch ganz klar.

… dann ging das hier den Bach runter

Michael Gerdes: Und dann ging das hier ja den Bach runter. Weils nicht mehr richtig geführt wurde. Und der auch noch Personal hatte …

Evi Gerdes: … die gern so in eigene Tasche.

Michael Gerdes: Und die auch so das Arbeiten nicht liebten. Und wenn er denn nicht so richtig aufpasste …

Erwin Krüger: Ab 60 fing das schon an. Da konnte keiner mehr Geld liegen lassen. Da haben die schon mit K.o.-Tropfen gearbeitet, und und und … Irgendwas in die Cola reingehauen. Das war eben das, was die »Küste« kaputt gemacht hat.

Bernie Becker: Zuerst kam die Hamburger und wollten sich einnisten hier. Und da ham die gedacht, hier ist vom Kuchen noch ein paar Krümel. Und Rudi Jockisch, das ist der beste Kellner von ganz Bremen und der hat gesagt, das wird hier gefährlich. Die müssen hier raus, sonst drücken die uns an die Wand. Die haben ja Kneipen hier aufgekauft und dies alles gleich …

Erwin Krüger: Das war so 'ne ganze neue Clique, und der hat das ganz raffiniert gemacht – die war ein hübsches Mädchen, die Anita – da hat der sich 'n Auto geliehen und da sind die mit vier oder fünf Türken rein und da sind die Emder Straße rein – da beim Parkplatz, beim Friedhof – dann stiegen die alle aus, ham ne Zigarette geraucht und dann ging das racki, zacki, zacki mal eben fürn Zwanziger… Und? Fünf mal 20 is auch 100. Und dadurch ist das Ganze dann abgeflacht. Es wurde billiger …

Peter Benje: Und das ist ja auch der Ausbruch der Studenten gewesen. Dieses Wirtschaftswunder war da schon in seiner Hohlheit völlig offen, völlig bloßliegend. Die gescheiterten Existenzen da sind also Synonyme auch gewesen für ein Scheitern einer Gesellschaft, das sich schon abzeichnete. Und was wir nicht mitmachen wollten. Daher ja auch dieser politische Aufbruch.

Hermann Uhlhorn: Dann hab ich noch zwei Jahre »Golden City« in eigener Regie gehabt. Da hat der Gerdes an zwei Hamburger verkauft, den Laden. Und die Hamburger haben an meine Tochter den Laden verpachtet. Für 7250 Mark im Monat. Dann hab ich den Laden den Hamburgern abgekauft, dann brauchte sie bei mir nur 6000 Mark zahlen. […] Und denn hatte sie 'n Freund, 'n Zuhälter war das. Und der war im Knast und wie der rauskam ausm Knast, hab ich 'n ganzes Jahr keine Pacht gekriegt. Dann hab ich mich mit meiner Tochter erzürnt. Und mit 'n Mal wurde die Nordstraße gebaut. Dann musste »Golden City« verschwinden. Da hab ich keine Entschädigung gekriegt. Und ich konnte nix machen. Das gehörte dem Hafenbauamt – das Grundstück. Das war so 1975.

Peter Benje: Also, wir wussten, das ist begrenzt. Überall warn se dabei das aufzuräumen, 'n bisschen schick zu machen – die Ruinen wurden immer mehr beseitigt, das zeichnete sich Mitte der 60er Jahre schon ab … Die ham ja irgendwann angefangen, den Wall hier aufzuschichten – an der Nordstraße entlang. Und da warn ja einige Kneipen, zum Beispiel die »Hummelkoje«, die fiel also diesem Wall zum Opfer, mit als eine der Ersten.

Regine Griffiths: Das hat mich ja irgendwann auch gelangweilt und das ist natürlich irgendwann immer dasselbe. Da wusste ich, auch wenn ich da 5000 Mark verdient hätte, ich hätte da nicht länger bleiben wollen.

Regine Uhlhorn: Wissen Sie, wie froh ich war, dass ich aus diesem Laden rauskam. Ich bin ein Mensch, der muss nachts schlafen.

Auf der Strecke geblieben …

Seemann: Man verblödet ja. Die brauchten sich ja wirklich um nichts kümmern. Saufen war billig, rauchen war billig, das Huren in anderen Ländern war auch billig. Du

Penner Seppl hatte wieder einmal ein Bier bekommen...

wusstest jetzt ja gar nicht mehr: Wie mach ich jetzt 'n Einschreiben bei der Post, nur als Beispiel. Wie füll ich 'ne Zahlkarte aus. Stand man davor, fragen mochte man nicht, denn hat man 's vergessen. Man war ja immer nur zu Besuch. Man konnte strunzen vor seinen Freunden, die man noch so hatte. Die haben auch wissbegierig zugehört, oh toll – erzähl weiter ... Aber dann war die Party zu Ende und dann warst du alleine. Da war kein Mensch mehr da. Und dann kam das normale Leben. Viele ham das nicht verkraftet. Die sind hängen geblieben und verblödet. Ich hab hinterher welche gesehen – ich hab gedacht: Das kann nicht wahr sein. Der eine hörte immer Möwenstimmen ... Ich hab dann viel Geld zusammengespart und hab mich dann selbstständig gemacht.

Anita Jerzenbeck: Also, ich kenne eine, wo ich genau weiß, dass die ausgestiegen ist, aber ich kenne auch andere, die es nicht geschafft haben. Und das lag ja auch zum größten Teil, weil die Zuhälter sie nicht ham gehen lassen. Und da mochte man auch nicht so viel reinriechen, weil man dann selber Angst kriegte und wenn die mitten im Winter mit so einer dunklen Brille kamen zur Untersuchung, dann wusste man auch warum. Und dann wurde denen aber auch geholfen, dass man denen ermöglicht hat, den Wohnort zu wechseln. Und viele warn auch so kaputt. Und da kam ja auch dann diese Drogengeschichte mit dazu. Die ham den Ausstieg nicht gefunden.

Prostituierte: Nee, ich geh ja auch nicht immer hin. Wenn ich noch mal 'n bisschen Geld brauch, denn geh ich hin. Sonst nicht.

Penner an der »Küste« wurden geduldet – solange Hochbetrieb war

Evi Gerdes: Das waren mal fünf, mal zwanzig, die wir akzeptiert hatten, weil die zum Geschäft gehörten, die fegten da manchmal vor der Wurstbude von Bärbel, der Josef zum Beispiel, und denn hat er dafür 'ne Wurst gekriegt. Das war so üblich da.« Josef oder auch Seppl genannt (siehe Bild) war ehemaliger Bootsmann bei der Kriegsmarine. Er konnte es nicht verwinden, dass er seine Frau mit einem anderen Mann im Bett erwischte, als er aus der Kriegsgefangenschaft heimkehrte. Nach der Scheidung sollte er so viel Unterhalt bezahlen, dass er sich entschloss, gar nicht mehr zu arbeiten. Seppl gehörte zum Inventar der »Küste« und stand meist im Eingang des »Golden City«, wo es warm war. Dort bettelte er, kriegte manchmal ein Bier ausgegeben. Katja berichtet, dass sie ihm oft die stehen gelassenen Bierpfützen zusammenschüttete. Ino Wäsch nahm Seppl einmal mit nach Hause, wo er geschrubbt und rasiert wurde. Laut Aussage von Michael Gerdes haben die Lkw-Fahrer von Gerdes allerdings manchmal einen bösen Spaß mit ihm getrieben und ihn mit dem Hochdruckschlauch weggejagt.

Bernie Becker und sein Freund Bobby Schmidt

Nächste Seite: Der Bremer Überseehafen verwaiste. Immer weniger Schiffe machten an den Kajen fest. So reifte der abenteuerliche Plan, ihn zuzuschütten. Am 20. März 1998 verfügte der Senat, den Großmarkt von der Neustadt hier her in das rund 20 Hektar große Areal zu verlegen. Damit war das »Aus« für den Hafen besiegelt. Es traf sich günstig: Im Rahmen der Außenweservertiefung standen große Mengen Sand zur Verfügung. Plötzlich ging alles sehr schnell. Bild vom September 1998

Anhang

»Das is ja heute alles nicht mehr. Das könnte heute noch so schön da oben sein, wenn Papa Staat ein bisschen mitgemacht hätte«

Eine Prostituierte

Die Entstehung der Lokale in den Akten der Wache 16 N

Bericht vom 13. November 1953, verfasst für Polizeipräsident von Bock und Pollach als Vorlage für eine Senatsvorlage (1.12.1953) im Zusammenhang mit der geplanten Umsiedlung des Vergnügungsviertels

[…] Wenn man bedenkt, daß von der Wirtin des ersten Lokals »Elefanten«, der Frau Finkenwirth, die dieses Lokal eröffnete, keinerlei Bedacht auf Moral, Anstand und Sittlichkeit genommen wurde, sondern – durch die Einstellung der Finkenwirth bedingt, die vordem elf mal in sittenpolizeilicher Hinsicht überprüft worden war – sogar noch gefördert wurde, läßt erkennen, daß der Grundstein des Vergnügungsviertel kein gesunder war. Der »Elefant« wurde Gesprächsstoff in allen Seemannskreisen, weit über die Meere hinaus. Durch wiederholtes polizeiliches Berichten wegen der dort herrschenden Zustände mußte die Finkenwirth nach etwa drei Monaten ihr Lokal schließen. Nach Einsatz eines vorläufigen Geschäftsführers bzw. auch mehrerer durch die Verwaltungsbehörde übernahm Frau Else Körner das Lokal, in deren Besitz es heute noch ist.

Ein weiterer geschäftstüchtiger Mann, der in dem Treiben am Waller Ring eine gute Erwerbsquelle erblickte, war der frühere Schiffskoch Hugo Schiffler, der heutige Besitzer des Lokals »West-Atlantik« in Gröpelingen. Er unterhielt zunächst einen Wurststand an der Nordstraße vor dem Hause Nr. 269. Schiffler sah das Treiben in dem Lokal »Elefanten« und entschloß sich, auf der gegenüberliegenden Seite an der Nordstraße die »Arizona-Bar« zu errichten. Zwölf ganze Pfennige in bar und ein Haufen Schulden waren der Anfang dieses Unternehmens. Der Umsatz entwickelte sich enorm, so daß er sich nach einigen Monaten entschloß, mit dem Fuhrunternehmer Heinz Hermann Gerdes, dessen Wagenhalle zu dem Tanzlokal »Golden City« auszubauen. Diese Tanzstätte zog die »leichten« Mädchen und die Seeleute sowie die Besatzungssoldaten an. In einem Jahr war ein Reinverdienst von 90.000,– herausgewirtschaftet worden, so daß Schiffler aus dem Unternehmen »Golden City« ausstieg, weil Gerdes nunmehr die Gewinnmöglichkeiten aus dem Geschäft allein haben wollte. Auf dem Grundstück des Vaters des Heinz Hermann Gerdes, des Heinrich Gerdes, wurde während dieser Zeit in der Leutweinstraße die »Bambus-Bar« errichtet und eröffnet. Die Absicht bestand darin, auch den Kapitänen und Schiffsoffizieren in dieser Gegend ein besseres Lokal bieten zu können. In dem Durchgang vom Waller Ring zum Hafen wurde von Schiemann, der schon während der Schwarzmarktzeit an dieser Stelle einen Wurststand unterhielt und mit den Verhältnissen vertraut war, die »Schlüssel-Boje« errichtet. Sein Bestreben war, vorwiegend den Hafenarbeiter in seinem Lokal als Gast zu haben, wobei jedoch bis auf den heutigen Tag – allerdings in geringer Zahl – die »leichten« Mädchen dort verkehren. Der Marktbezieher Renoldi sah in dem Treiben des Vergnügungsviertels eine gute Möglichkeit, hier eine Schießhalle als gute Verdienstquelle zu unterhalten. Nach kurzer Zeit begnügte er sich jedoch hiermit nicht mehr, sondern begann mit dem Schwarzbau der Schankwirtschaft »Lili-Marleen«. Auch dieses Lokal war Anziehungspunkt der »leichten« Mädchen. Wegen Unzuverlässigkeit wurde ihm nach geraumer Zeit die Konzession entzogen. Die Konzessionsträgerin wurde nunmehr Frau Renoldi, der aber auch nach einigen Monaten die Konzession entzogen werden mußte, weil sie ihren Ehemann weiterhin in dem Lokal beschäftigte. […] In dieser Zeit wurden auch die allgemeinen Gaststätten »St.-Pauli« sowie »Nordlicht« in der Nordstraße neben der »Arizona-Bar« errichtet. Diese beiden Lokale werden auch von Strichmädchen aufgesucht. Außerdem verkehren hier Seeleute und Hafenarbeiter. Bei den bisher aufgeführten Lokalen – bis auf »Bambus-Bar« und »Lili-Marleen« – handelt es sich um solche Lokalitäten, die eine vorläufige Baugenehmigung erhalten haben, während »Lili-Marleen« in der Leutweinstraße im Schwarzbau errichtet wurde. Weitere Lokalitäten in der Leutweinstraße, die in dieser Zeit nacheinander errichtet worden sind: »Stern-Bar«, »Viermaster« und »Alte Liebe«. Absicht der Lokalitätsinhaber war, auch das Bremer bürgerliche Publikum – vor allem aber auch, wie im Falle der »Bambus-Bar«, die Kapitäne und Schiffsoffiziere – als Gäste zu gewinnen. Wenn auch in der ersten Zeit nach der Errichtung in diesen Lokalen sehr viel bürgerliches Publikum verkehrte, hat sich dieses im Laufe des letzten Jahres immer mehr zurückgezogen. Während die Lokale »Stern-Bar« und »Viermaster« im großen und ganzen ihr Milieu hielten, ist dieses in der Gaststätte »Alte Liebe« sehr zurückgegangen.

Im Zuge des Neuaufbaues Ecke Waller Ring / Nordstraße wurde weiterhin das Lokal »Koralle« und das Lokal »Krokodil« in dieser Zeit eröffnet. Sowohl diese Lokale als auch die bereits früher bestandenen Lokale von Bruno Mosig, Nordstraße / Waller Ring, Wehage in der Wißmannstraße traten polizeilich gesehen kaum

Linke Seite: Solide und im besten Alter – Damenkränzchen mit zwei Herren vor der Wandbemalung im »Golden City«

Aus einem Polizeibericht 1954: »Oftmals versuchten die Wirte, die Beamten zu ›Rausschmeißern‹ zu degradieren. Aber er unterschätzt die Cleverness der Beamten, die vielleicht besser als er die Tricks kennen, mit denen die Seeleute ausgenommen werden. Allzu oft kann es vorkommen, dass nur durch die entsprechende Handhabung des Gummiknüppels für Ruhe und Ordnung gesorgt werden kann. Aber die ›Damen‹ und Wirte und sonstigen Gestalten wissen, dass mit diesen Beamten der Wache nicht so leicht zu spaßen ist und dass sie bei jedem Einschreiten den kürzesten ziehen und auch wohlgeschwungene, wohltönende Redensarten den Beamten nicht beeindrucken können.«

in Erscheinung, während das Lokal »Mutti Weiss« in der Wißmannstraße auch von den Strichmädchen aufgesucht wurde. Das tollste Lokal, das im Zuge der Geschäftserrichtungen eröffnet wurde, war das Lokal »Hawaii-Bier-Bar« in der Nordstraße 259, Inhaberin Frau Ady Sievers. Schon bald nach der Eröffnung entwickelte es sich zum Zufluchtsort aller Strichmädchen und auch anderer dunkler Elemente, die besonders in den frühen Morgenstunden von 3:00 bis 6:00 Uhr hier Zuflucht suchten, weil die Mehrzahl dieser Personen ohne feste Wohnung waren. Aber auch unentwegte Zecher aus Hafenarbeiterkreisen mischten sich unters Publikum. Sehr oft mußte in den Morgenstunden polizeilich eingeschritten werden, wobei den Beamten der unhaltbare Zustand bekannt wurde. Durch wiederholte Berichte an Abteilung V über die dort herrschenden Zustände und Ruhestörungen wurde erwirkt, daß nunmehr eine Polizeistundenverlängerung nicht mehr gewährt wird.

Als Randlokale dieses Vergnügungsviertels kann man noch die Lokale »Störtebecker«, »Hummel-Koje«, »Janett« und »Blaue Maus« im Zuge der Nordstraße bis zur Elisabethstraße sowie in der Bogenstraße »Tante Anna« und »Mutter Hannover« und an der Neptunstraße die Lokale »Dollarprinzessin« und »Anker-Bar« nennen, ferner das Lokal »Allotria« an der Ecke Bremerhavener Straße / Waller Ring. Neben diesen aufgeführten Lokalitäten und der eingangs schon erwähnten Schießhalle von Renoldi ist eine weitere Schießhalle in der Leutweinstraße von Herrn Kalfak errichtet worden. Außerdem sind noch zwei Wurststände in der Leutweinstraße vorhanden, die als ständige Einrichtungen des Vergnügungsviertels gelten dürften.

Die »Küste«

(Ein Bummel durch Bremens »Klein-St. Pauli«)
Auszug aus dem Gedicht von Georg Hinrichs, Bremen
Verfasst im Jahre 1963

Viel Sand ohne Wasser ist eine Wüste,
Wo Brandungswellen rauschen ist 'ne Küste.
Der Bremer aber noch eine »Küste« kennt,
die man auch »Klein-St. Pauli« nennt.
Lokale, die dort abends im Neonlicht gleißen,
stellen sich hier vor, wie sie alle heißen:

»Golden City" – das Lokal «Zur Schlüsselboje"
Die Wirtschaft »Zur Seefahrt« – die »Hummelkoje«.
»Mutti Weiss« war die Wirtin mit dem großen Gewicht;
Stelljes heißt der Wirt des Lokals »Zum Nordlicht«.

»Bruno Mosig« an der Ecke stellt sich vor,
ein Meister des Ringkampfes – ein Gladiator.
Schon mancher Hitzkopf, der sich stark gefühlt,
hat der ruhige Bruno gut »abgekühlt«.

Das Lokal »St. Pauli« mutet hamburgisch an;
Es verkörpert hier in Bremen die Reeperbahn.
St. Pauli Milieu und viel rotes Licht,
doch St. Pauli-Nepp –, den gibt es hier nicht.

Wo im Transparent der »Buffalo Bill«,
die geplagte Musikbox »heißlaufen« will.
Arizona-Cowboys mit baumelndem Colt,
»Mädchen« eine ganze Nacht – so »treu wie Gold«.
Ein weiblicher »Sheriff« mit pechschwarzem Haar,
befindet sich in Frau Lilos »Arizona-Bar«.

»Störtebecker« – benannt nach dem Seeräuberheld,
in der Bogenstraße man noch zur »Küste« zählt.
Doch keine Likendeelers – nein Griechenlands Söhne
verehren Kathy Haller, wie einst Helena, die Schöne.
Mancher Gast, den »Gitty« – die Bardame betört,
grollt dem Liebesgott Eros, der sein Fleh'n überhört.
[…]

So'n simples Getränk wie harmlose Brause,
ist verpönt in Carl Werners »Bogenklause«.
Bei Hafenleuten der Fachschaft »Hieven und Fieren«,
den Meistern des Stauhakens und »Gänge« tallieren.

Fahrensleute erzählen hier bei Köhm und Bier
von des »Herrgotts Einsamkeit« – von Neptuns Revier.
[…]

Die »Landsleute« der Götter, die herabgestiegen vom Olymp,
auch in der »Akropolis« gern Stammgäste sind.
Viele Nachfahren des tapferen Leonidas
leeren auch hier manches Wein- und Bierglas.
Wie einst Fischer durch den Gesang der »Sirenen«,
becircen hier zielstrebend die »Küsten-Schönen«,
einem »Paris« ohne Raub, bei griechischem Wein,
für Geld eine »Folgsame Helena« zu sein.

»Zum Stützpunkt« – Mimi Luther stellt sich vor,
ihr Mann hieß Martin – wie der Reformator.
Doch Frau Luther ist's egal, wer Jude oder Christ;
wer ein Zeuge Jehovas – welcher Gast ein Buddhist.
Oder gar ein durstiger Mohammedaner,
ob strenger Katholik oder Lutheraner.
Nur wer bei Frau Luther »sein Bier verliert«,
wird ohne Taufakt sofort »konfirmiert«.

»Mancher Gast, den ›Gitty‹ – die Bardame betört, grollt dem Liebesgott Eros, der sein Fleh'n überhört«

Schon mancher im »Stützpunkt« stützt sich am Tresen,
dachte an die Ehefrau – an Schrubber und Besen.
An das leere Portemonnaie – ans leere Glas Bier,
den Empfang des »Hausdrachens« hinter der Haustür.
Bald ist Mimis »Stützpunkt« verlassen und leer;
wird abgerissen – das »Stützen« nützt nichts mehr.

Nebenan in einem »leicht« zerbombten Haus,
erblickt man den Namen »Zur blauen Maus«.
Doch nicht die Maus – die Gäste sind oft »blau«,
wenn sie verlassen diesen »durstigen Bau«.

»Blaue Maus« ist nicht nur simple Reklame,
einen ernsten Ursprung hat dieser Name.
Denn der Wirt der »Blauen Maus« war im letzten Weltenbrand
ein sehr erfolgreicher Panzer-Kommandant.
So erinnert »Blaue Maus« – eine Panzereinheit,
Hans Brilmayer oft an die turbulente Kriegszeit.
Doch er sagt »Valet« diesem »feuchten« Grund
im Zuge der Nordstraßen-Verbreiterung.
Das Lokal »Blaue Maus« ist bald dort zu seh'n,
wo Gröpelinger »Kater« auf »Mäusejagd« gehen. [...]

Im Nachbar-Lokal weht ebenfalls »Seebrise«,
in der »Roten Laterne« – wo Rot die Devise.
Navigare necesse est – heißt Seefahrt ist Not,
die Warnfarben in der Schiffahrt sind Grün und Rot,
doch der Seemann heimkehrend aus weiter Ferne
sieht in Bremen oft nur eine »Rote Laterne«. [...]

»›Alte Liebe‹ steht nebenan auf dem Transparent, doch die Liebe wird nicht alt, die man hier kennt«

Als »Küsten-Museum« ist weltbekannt
Herrn und Frau Dahlhausens »Roter Sand«.
Man sieht Speere, Schilder von der Südsee – vom Kongo;
den Kampf einer Brillenschlange mit einem Mungo.
Vögel, die am Amazonenstrom nisten,
Giftpfeile indianischer Curare-Alchimisten.
Südsee-Masken – eines Sägefisches Mordwaffe;
Straußen-Eier sowie ein ausgestopfter Affe.

Möwen, Pinguine, Schildkröten, Haifische,
Bilder von der Seefahrt in jeder Nische. [...]

Wo das helle Transparent – »Dandy-Bar«,
drinnen das elektrische Licht so rar.
Gott Amor und Eros halten immer Wacht
in der Bar, die geöffnet die ganze Nacht. [...]

Das nächste Lokal spendet neun Sorten Bier.
Es gibt ja auch »so wenig« Wirtschaften hier.
»Bierbox« zeigt an die Neonreklame,
ein nettes Lokal, wie die dortige Bardame.

Hat man die Holzhafen-Schule passiert,
wo Schlachter Bade seine Wurst probiert;
Bäcker Vöpel nachsieht, ob die Brötchen gar,
leuchtet hell die Reklame »Hawaii-Bierbar«. [...]

Genau wie der Dickhäuter – im Zirkus bekannt,
heißt die folgende Wirtschaft – der »Elefant«.
Willkommen sind auch Gäste aus der farbigen Welt;
er »frißt« aber keinen Zucker, sondern nur bares Geld. [...]

Es kommt auch vor, daß ein Gast sich berauschte,
einen Vorgarten oder Eingang mit dem Bett vertauschte.
Er fand sich dann wieder noch umnebelt vom Bier,
zur Ernüchterung auf dem 16. Polizeirevier. [...]

Ein Namensschild dem Besucher zeigt,
die Leutweinstraße ist erreicht.
Viele Bars – zwei Wurstbuden gibt es hier,
Reklame von Dressler- und Jever-Bier.
Gegenüber ist 'ne Tankstelle und welch ein Schreck:
Dort prangt eine Reklame von Haake-Beck.
Hier spielen die Taxifahrer mit dem Gedanken:
Sollen wir nun Bier oder Kraftstoff tanken? [...]

Nach einem Stadtteil New Yorks – einst Neu-Amsterdam
die »Manhattan-Bar« ihren Namen bekam.
Eine Wolkenkratzer-Fassade ziert hier die Wand,
man denkt rauchend an den Gründer Peter Stuyvesant. [...]

Wo ein Lokal mit Sternen verziert,
man den Gästen Striptease »vorexerziert«,
wo im Transparent ein gelber »Star«,
dort ist die stern-verzierte »Stern-Bar«. [...]

»SOS«- die Bar, die als Wahrzeichen einen Viermaster;
auch hier frönt so mancher gast dem »süßen Laster«.
Überall ist Tanz, Stimmung und Gelächter;
man hört das Geflüster der »Venus-Töchter«. [...]

»Alte Liebe« steht nebenan auf dem Transparent,
doch die Liebe wird nicht alt, die man hier kennt.
Eine einzige Nacht, dann ist die Liebe vorbei,
dann geht's wieder nach Rio, Sydney, Shanghai. [...]

Im »Dschungel der Freude« erblickt man sogar
auf der anderen Seite die »Bambus-Bar«.
Auch hier gibt's viele exotische Dinge,
sogar zweibeinige Bambus-»Schößlinge«.
Tresen aus Bambus, Stühle und mehr;
es fehlt hier nur noch ein Bambus-Bär.

Wie im Dschungel des Ganges – am Oberlauf des Nil,
erblickt man an der Nordstraße ein »Krokodil«.
Doch es ist kein Untier, welches Menschen frißt;
Dieses Krokodil nur hungrig nach Geld ist. [...]

Die Lokale an der »Küste« nannte ich fast alle,
als Abschluß folgt Else Körners »Koralle«.
Paradox, weil Frau, ist sie »ein Mann der Tat«,
weil »Else« zwei gut gehende Wirtschaften hat.
»B.-B.-Bar«, »Café König« sei'n noch genannt,
doch die liegen schon mehr im »Binnenland«.

Mancher Fremde, der sich zur »Küste« verirrt,
besuchte »Golden City« und hat sinniert,
warum »so ein Mädchen« vom geraden Weg abwich,
daß die gerade Linie hier nicht der »Strich«. [...]

Gewiß spielt die Not, das Schicksal hier mit,
doch verloren ist der Ehemann, die Familie zu dritt.
Noch lachen und scherzen sie – noch ist man jung,
noch gibt die Jugend dem Leben den Schwung.
Doch bald sitzt sie allein im Zimmer und weint,
war »das« das Leben, welches ich erträumt?

Sie haben keine Zukunft – die »Venustöchter«,
»Vater Staat« ist manchmal ihr »Tugendwächter«.
Sie leben das Leben nur nach ihrer Art
»beglücken« manchen Seemann nach großer Fahrt.
Auch kennt sie keine Tränen, wenn die Seemannsfrau weint;
sie kennt Männer, aber keinen, der von ihr träumt.

Ob aus Tropenglut kommend – aus der Eiseswüste,
viele Seeleute sehnen sich nach der »Küste«,
denn der heutige Seemann hat kaum mehr Zeit;
eine Nacht im Hafen, dann ist's wieder soweit.

»Sie kennt Männer, aber keinen, der von ihr träumt«

Drum braucht mancher Seemann das »kurze Glück«
Für die einsame Fahrt über den weiten Atlantik;
Denn bald liegt er wieder in Frisco an der Pier
Oder ankert in Kalkutta am Ganges-Revier.

Kann dort wieder einer »Venus« in die Augen schau'n,
doch diese ist nicht weiß, sie ist dort braun.
Viele Seeleute bald wieder in Ostasien sind,
wo schlitzäugig und gelb das »Venuskind«.

Wenn der Seemann jung ist, »gehört ihm die Welt«,
solange er noch ledig ist »juckt« das Geld,
drum hakt er auch unter ein »Venuskind«
in Bremen an der »Küste« – beim Waller Ring.

Der Verfasser – einst Seemann, der »Die Küste« schrieb,
wohnt selber in dem sehr »feuchten Küsten-Gebiet«.

Quellen

Interviews

Im Jahr 2004 entwickelte ich für das Kulturhaus Walle Brodelpott innerhalb des Projektes »Walle Blues« eine Präsentationsform für Heimatgeschichte. Ich führte Interviews mit verschiedenen Protagonisten der Kneipenszene des Stadtteils und schnitt die Audioaufnahmen der erzählten Geschichte(n) zu kurzen, etwa zehnminütigen Collagen zusammen. Durch Hinzufügung von historischem und privatem Fotomaterial wurden daraus einige »Ton-Bild-Collagen«, die jeweils ein bestimmtes Kneipenmilieu des Stadtteils (Arbeiterkneipe, politische Kneipe, Hafenkneipe, Rotlichtbar) aus dem 20. Jahrhundert beleuchteten. Diese Collagen wurden in Showveranstaltungen mit Live-Gästen und -Musik präsentiert. Das Interviewmaterial für die damaligen Veranstaltungen über die »Küste« war so reichhaltig und spannend, dass es zu einer der Grundlagen dieses Buches geworden ist.

Mein ganz herzlicher Dank gilt den Zeitzeugen, die mir ihre Erinnerungen an die Erlebnisse in den 50er und 60er Jahren erzählten!

Bernie Becker, ehemaliger Küper und Mietwagenfahrer bei »Autodienst Weser«
Peter Benje, ehemaliger Student, Tischlermeister und Dozent für Holzbearbeitung
Rolf Braack, ehemaliger Bankangestellter
Hannelore Dopmann, ehemalige Barfrau und ehemalige Besitzerin des »Elefant« und der »Bambus-Bar«
Hans-Horst Forster, ehemaliger Vorsitzender des Bürgervereins für die westliche Vorstadt
Evi und Michael Gerdes, Tochter und Sohn des Geschäftsmannes Heinz-Hermann Gerdes
Regine Griffiths, ehemalige Barfrau
Anita Jerzenbeck, ehemalige Sekretärin beim Senator für Gesundheit
Katja, ehemalige Animierdame
Erwin Krüger, ehemaliger Besitzer der »Hawaii-Bierbar«
Heiner und Rita Otten, Wirtsehepaar des »Hafen-Casinos«
Hans-Günther Prigge, ehemaliger Taxifahrer und Polizist an der »Küste«
Hartmut Schwerdtfeger, Pressesprecher der Bremer Lagerhaus Gesellschaft, heute BLG Logistics Group
Hermann Uhlhorn, ehemaliger Geschäftsführer des »Golden City«
Regine Uhlhorn, ehemalige Barfrau
eine ehemalige Barfrau
eine ehemalige Prostituierte
ein ehemaliger Seemann

Danke auch an die Zeitzeugen, mit denen ich für weitere Recherchen im Jahr 2011 sprach:
Heinz Deppe, ehemaliger Seemann
Karin, ehemalige Prostituierte aus dem »Krokodil«
Maria, ehemalige Bardame aus der »Manhattan Bar«
Jutta Mattfeld, ehemalige Putzfrau in der »Schlüsselboje«
Norbert Mosig, Sohn des ehemaligen Ringers und Gastwirts Bruno Mosig
Egon Rammé, ehemaliger Musiker im »Bambus-Bar-Trio«
Ino Wäsch, ehemaliger Seemann, später Taxikollege von Bernie Becker

Unterstützung bekam ich auch vom Geschichtskontor Brodelpott. Vielen Dank an Achim Saur und Cecilie Eckler-von-Gleich.

Weiterhin danke ich
Beate Augustin und dem Verein Nitribitt, Willy Mohrlüder vom Polizeirevier West, Monika Siefer, Ulrich Welke und Monika Heitmann; Hartmut Bockholt für den Fotonachlass von Carla Bockholt und ganz besonders Robert Bücking, der mich liebevoll und mit vielen konstruktiven Vorschlägen begleitet hat.

Literatur

Andersen, Arne; Bartkowiak, Jürgen; Kiupel, Uwe; Pölking-Eiken, Hermann: Die Häfen in Bremen – Kurs Zukunft: Ein Jahrhundert Freihafen und Weserkorrektion, Herausgegeben vom Senator für Häfen, Schifffahrt und Verkehr, Verlag Steintor, Bremen 1988
Aschenbeck, Nils: Bremen. Der Wiederaufbau 1945–60, Edition Temmen Bremen 1997
Baumann-Meyer, Else: »Manches vergisst man eben nie« – Aus dem Leben einer Arbeiterin, Schardt Verlag, Oldenburg 2000
Bremen Bremerhaven, Häfen am Strom: River Weser Ports, Verlag Robert Bargmann, 7. Auflage, Bremen 1966

BremenPORTS Management (Hrsg.): Bremen – Vom Überseehafen zur Überseestadt, Dokumentation, Aschenbeck & Holstein, Delmenhorst 1999

Brinkmann, Martin (Hrsg.): Zeitschrift »Krachkultur«, Ausgabe 13 / 2010, die Geschichte »Golden City« von Jon Michelet wurde mit freundlicher Genehmigung des Autors, des Herausgebers und der Übersetzerin Gabriele Haefs entnommen – Vielen Dank dafür!

Bruss, Regina: Mit Zuckersack und Heißgetränk – Leben und Überleben in der Nachkriegszeit, Bremen 1945–1949, Hauschild Verlag, Bremen 1989

Der Wiederaufbau und Ausbau der Häfen in Bremen und Bremerhaven seit 1945, Springer Verlag, 1953, broschierte Ausgabe, Sonderabdruck aus: Jahrbuch der Hafenbautechnischen Gesellschaft, 20. / 21. Band 1950 / 51

von Dücker, Elisabeth und Museum der Arbeit (Hrsg.): Sexarbeit. Prostitution – Lebenswelten und Mythen, Edition Temmen, Bremen 2005

Eckler-von Gleich, Cecilie (Hrsg.): Walle, Ein Dorf wird zur Bremer Vorstadt, Verlag Steintor, Bremen 1988

Eckler-von Gleich, Cecilie (Hrsg.): Die alten Hafenquartiere – »Alter Westen« und Muggenburg 1860–1945, Ein photographischer Streifzug, Edition Temmen, Bremen 1999

Eckler-von Gleich, Cecilie / Arbeitskreis Stadtteilgeschichte Walle (Hrsg.): Als der Bremer Westen brannte – Walle / Utbremen in den 30er und 40er Jahren – Ein Photographischer Streifzug, Eigenverlag, Bremen 1994

Löbe, Karl: Seehafen Bremen – 100 entscheidende Jahre 1877–1977, Verlag Döll & Co., Bremen 1977

Mohrlüder, Wilhelm: 40 Jahre Polizeirevier in Bremen Walle – eine Revierchronik, März 1996

Pedron, Anna-Maria: Amerikaner vor Ort – Besatzer und Besetzte in der Enklave Bremen nach dem Zweiten Weltkrieg, Herausgegeben von Jörn Brinkhus, Veröffentlichungen aus dem Staatsarchiv der Freien Hansestadt, Bremen 2010

Roth, Joseph in: Marseille – Kein Abschied von der Stadt des Willkommens in Beckerhoff, Florian (Hrsg.): Häfen – eine literarische Kreuzfahrt, Eichborn-Verlag, Frankfurt am Main 2008

Schlottau, Klaus; Tilgner, Daniel (Hrsg.): Der Bremer Überseehafen, Edition Temmen, 2. Aufl., Bremen 2005

Schulze, Anne-Marie: Die Geschichte der Frau im Nachkriegsdeutschland von 1945 bis 1949, Hauptseminararbeit, Technische Universität Dresden (Fakultät Erziehungswissenschaften) 2006

Steinbacher, Sybille: Wie der Sex nach Deutschland kam – Der Kampf um Sittlichkeit und Anstand in der frühen Bundesrepublik, Siedler Verlag, München 2011

Supp, Barbara: Trümmerfrauen – Protokoll eines gescheiterten Aufbruchs, Zeitschrift »Spiegel Special«, Ausgabe 4 / 1995

Bestände des Staatsarchivs Bremen

Bremen – Wiederaufbau (Baugeschichte 19) Ad-247

Die Neugestaltung Bremens (Baugeschichte 18), Hrsg. in der Schriftenreihe des Senators für das Bauwesen 1957, Heft 5 – Die westliche Vorstadt, Hrsg. 1955

Rosenberg, Franz: Vom Wiederaufbau und der Stadtentwicklung in den Jahren 1949–70, Ein subjektiver Bericht 1981, StAB Ae 119

Planungsakte Vergnügungsviertel, StAB 4, 31 / 6-63 und 4, 31 / 6-64

Akten des Polizeipräsidiums Bremen, Chronik des 16. Polizeireviers, verschiedene Verfasser (Archiv aufgelöst beim Umbau des Polizeipräsidiums am Wall)

– **16. PR, 13.11.1953:** Entwicklung des Vergnügungsviertels am Waller Ring und in der Leutweinstraße und deren Auswirkung auf die Anwohner
– **16. PR; PHW Rugen, 1954, teilweise überarbeitet von PK Daehne 1963:** Vergnügungsviertel »Waller Ring« und sonstiger Gaststättenbetrieb im Bereich des 16. PR

Internetseiten

Donath, Svenja: Von der Trümmerfrau zum Heimchen am Herd – Zur Rekonstruktion der Weiblichkeit nach dem Zweiten Weltkrieg, veröffentlicht in »Kritische Ausgabe« Nr. 8 / 2002 (abgerufen am 8.4.2011)

Jansen, Vera: Vor 40 Jahren – Eine »Blechkiste« erobert die Welt, dpa, veröffentlicht am 6.5.2006 in der »Stuttgarter Zeitung«, http://content.stuttgarter-zeitung.de/stz/page/detail.php/1152573 (abgerufen am 3.5.2011)

40 Jahre Containerverkehr über die bremischen Häfen – Container, eine (R)Evolution erobert den Welthandel, http://www.bremenports.de/1255_1 (abgerufen am 3.5.2011)

Das waren noch Zeiten – die 60er, http://www.das-waren-noch-zeiten.de/einkommen.htm (abgerufen am 4.4.2011)

Die Autorin

Frauke Wilhelm ist Bremerin mit Leib und Seele. Fast ihr ganzes Leben lang macht sie Musik – erst mit der Querflöte, später als Saxofonistin und Sängerin in Jazz- und Rockbands. Weil ihre Heimatstadt sie interessiert, bringt sie seit über 25 Jahren Bremer Geschichte(n) und Entwicklungen in verschiedenen Showprojekten auf die Bühne. Mit 25 Ausgaben der Show »Der Gute Abend« fing es an, es folgten »Walle Blues«, »Kneipen Porta« und die »Flussgeschichten«.

So richtig in ihrem Element ist Frauke Wilhelm, wenn sie als Ramona Ariola zusammen mit Ramon Locker (Nomena Struß) und Egon Rammé in die Hafenkaschemmen der wilden 50er und 60er abtaucht und die »Golden City« am ehemaligen Ausgang des Freihafens in Walle aufleben lässt. So geschehen bei der 72-stündigen Hafenbar im ehemaligen Seemannspuff »Krokodil« 2011, bei Hafenrundfahrten zu den alten und neuen Königen an Bremens Wasserkante rund um die Überseestadt und natürlich in der temporären und mittlerweile legendären Hafenbar »Golden City«, die zwischen 2013 und 2022 jedes Jahr eine dreimonatige Saison mit einem Crossover aus Hafengeschichte, Musik, Theater und Stadtdialog spielte – zuerst am Europahafenkopf, dann am Lankenauer Höft und zuletzt auf Kellogg´s (Überseeinsel).

Die Hafen- und Rotlichtgeschichten an der Waller »Küste« sind – genauso wie heutige Geschichten und Mythen der Stadt – das Material, aus dem Frauke Wilhelm Inspirationen für neue Abenteuer bezieht. Immer natürlich mit den entsprechenden Schlagern und Chansons. Mit den »Sehnsuchtsliedern von der Gegenküste« hat das Golden City 2016 aber auch die Heimatsongs und die Geschichten von 20 Geflüchteten aus den Camps der Überseestadt als Musiktheater gezeigt. Immer geht es Frauke Wilhelm darum, die Menschen und ihre Geschichten in den Mittelpunkt ihrer Arbeit zu stellen

Bildnachweise

Archiv des »Weser-Kurier«:
– Hintergrund Collage Titelbild,
– Bremer Nachrichten S. 17,
– Sander: S. 112 (oben), 155,
– Lohrisch-Archilles: S. 128 (oben), 134

Carla Bockholt:
Titelbild, S. 23 (2), 24, 26 (2), 27 (2), 36–37 (2x oben rechts und 3x unten rechts), 38 (unten), 40 (unten), 42, 48, 49, 51 (2), 52, 56 (2), 57, 58 (oben u. unten rechts), 60, 61 (oben), 62 (unten), 63 (unten), 64, 66 (2), 66–72, 75 (2), 76 (4), 78, (2), 79 (2), 80 (unten), 81 (oben), 82–86, 88–89, 90 (unten), 91–97, 98 (oben), 99 (oben), 100–102, 104–107, 108 (unten), 109–111, 113–115, 120–122, 124–127, 129–130, 132–133, 141, 145–149, 152, 154, 160 (4), 168, 171–173, Nachsatz

Bildarchiv KH Walle Brodelpott:
– S. 8–9, 12 (2), 18 (oben), 20–21, 22, 28–29, 33, 34 (unten), 36–37 (oben links), 44–45, 50, 62–63 (oben), 73, 81 (unten), 90 (oben), 99 (unten), 103, 140 (unten), 158, 166–167, 170
– Sammlung Bremer Lagerhaus Gesellschaft (BLG): S. 6, 32 (2), 34 (oben), 39, 53, 54–55, 80 (oben), 156–157,
– Sammlung bremenports: S. 14
– Sammlung Quernheim (Focke-Museum): S.11
– Sammlung Hafenbetriebsverein: S. 38 (oben)

Polizeirevier Walle:
S. 98 (unten), 116–117, 123, 128 (unten), 140 (oben), 144

Staatsarchiv Bremen:
– Planungsakte Vergnügungsviertel: S. 118 f., 136, 142, 150 f.
– Karl Edmund Schmidt: S. 13, 15 (2), 16 (2), 18 (unten), 19, 30, 36 f. (oben, 2. v. links), 65
– Junker: S. 46, 159

Edition Temmen:
S. 10 (Rosteck), 137 (Werner Krysl)
Privatfotos der Beteiligten:
S. 25, 35 f., 37 (unten links), 40 (oben), 41, 43, 58 (unten links), 77, 87, 108 (oben), 131, 138 f., 143, 161, 165

Undatierte Zeitungsausschnitte der Beteiligten:
S. 46 (oben), 112 (unten), 153

Impressum

Die Deutsche Nationalbibliothek verzeichnet diese Publikation in der Deutschen Nationalbibliografie; detaillierte bibliografische Daten sind im Internet über www.dnb.de abrufbar.

Layout und Umschlaggestaltung:
hofAtelier, Toni Horndasch
Umschlagidee: Helge Bazak

4. Auflage 2023

© **Edition Temmen e.K.**
Hohenlohestraße 21 · 28209 Bremen
Tel. 0421-34 84 3-0
info@edition-temmen.de · www.edition-temmen.de

Alle Rechte vorbehalten
Printed in Shanghai
ISBN 978-3-8378-1026-4